Oldenbourg Interpretation
Band 12

Oldenbourg Interpretationen
Herausgegeben von
Klaus-Michael Bogdal und Clemens Kammler

begründet von
Rupert Hirschenauer (†) und Albrecht Weber

Band 12

Theodor Fontane

Frau Jenny Treibel

Interpretation von
Rudolf Schafer

Oldenbourg

Zitate sind halbfett gekennzeichnet.

Die Seitenzahlen in Klammern beziehen sich auf folgende Ausgabe des Romans in: Goldmanns Gelbe Taschenbücher Nr. 716, München 1966. Textabweichungen beziehen sich auf die authentische Version der von Walter Keitel besorgten Hanser-Ausgabe sämtlicher Werke Fontanes (4. Bd., München 1963, 297 ff.)

Lektorat: Ruth Bornefeld, Simone Riedel, München
Umschlagkonzept: Mendell & Oberer, München
Umschlag: Stefanie Bruttel
Umschlagbild: © IFA-Bilderteam, Ottobrunn/ München; Fotografin: Birgit Koch
Typographisches Gesamtkonzept: Gorbach GmbH, Buchendorf
Satz: jürgen ullrich typosatz, Nördlingen

www.oldenbourg-bsv.de

Bei den Zitaten, Gedichten, Literaturangaben und Materialien im Anhang ist die neue Rechtschreibung noch nicht berücksichtigt.

3., überarbeitete Auflage, 6. Druck 2013
Alle Drucke dieser Auflage sind inhaltlich und unverändert und können im Unterricht nebeneinander verwendet werden.

Druck: freiburger graphische betriebe

ISBN 978-3-637-88619-3

Das Papier ist aus chlorfrei gebleichtem Zellstoff hergestellt, säurefrei und recyclingfähig.

Inhalt

1 Kritik in Form eines Romans

1.1 Entstehung

Tagebücher und Briefe FONTANES geben keine Hinweise darauf, wann die Arbeit an diesem Roman begonnen worden ist. Überlieferte Skizzen – meist Personencharakteristika – stammen aus den frühen Achtzigerjahren. Im Winter 1887/88 dürften die ersten zusammenhängenden Aufzeichnungen entstanden sein. Die vorläufige Fassung, das *Brouillon* des Romans, in den sowohl Figuren als auch Motive des liegen gelassenen Versuchs *ALLERLEI GLÜCK* aus den späten Siebzigerjahren eingegangen sind, war Anfang Mai 1888 fertig. Das Manuskript blieb aber liegen und wurde erst 1891 für den Druck überarbeitet. Von Januar bis Juni 1892 erschien der Roman fortsetzungsweise in der ***Deutschen Rundschau***, im gleichen Jahr auch die Buchausgabe mit dem eingedruckten Erscheinungsjahr 1893. Das druckfertige Originalmanuskript des Romans galt nach 1945 als verloren und wurde seit 1949 als endgültig verloren angesehen. Ende der Siebzigerjahre ist es jedoch völlig unerwartet aus unbekannt gebliebenen Verlagerungsstätten in Polen wieder in das Märkische Museum Berlin (Ost) zurückgekehrt, wenn auch unvollständig: Nur zehn der sechzehn Kapitel sind erhalten geblieben.[1]

Den Stoff fand der Dichter – wie in vielen anderen Fällen auch – in seiner weiteren gesellschaftlichen Umgebung, sodass er die wichtigsten Figuren und Vorgänge, hier und da sogar eine Nebenfigur, **nach dem Leben** zeichnen konnte. Als ein neues Moment aber darf FONTANES Rückgriff auf Beobachtungen und Erfahrungen aus der engeren Umgebung, aus der eigenen Familie nämlich, betrachtet werden: Für Corinna stand seine Tochter Martha, Mete genannt (1860–1917), Modell; Jenny Treibel trägt Züge von Jenny Sommerfeldt (1823–1904), der reich verheirateten Schwester des Dichters, und in bestimmten Einzelheiten soll Willibald Schmidt eine Art Selbstporträt darstellen.

1.2 Intention

In einem Brief vom 9. Mai 1888 kündigt FONTANE seinem Sohn Theo den Roman an:

> **Titel: ›Frau Kommerzienrätin‹ oder ›Wo sich Herz zum Herzen find't‹. Das ist die Schlußzeile eines sentimentalen Lieblingsliedes, das die 50jährige Kommerzienrätin im engeren Zirkel beständig singt und durch das sie sich Anspruch auf das ›Höhere‹ erwirbt, während ihr in Wahrheit nur das Kommer-**

zienrätliche, will sagen viel Geld, das ›Höhere‹ bedeutet. Zweck der Geschichte: das Hohle, Phrasenhafte, Lügnerische, Hochmütige, Hartherzige des Bourgeois-Standpunktes zu zeigen, der von Schiller spricht und Gerson meint.[2]

Die Briefstelle zeigt, dass dieser Roman zugleich als Kritik gedacht ist, die ihren eigentlichen Gegenstand in den Auswüchsen jenes Phänomens findet, das man heutzutage *bürgerliches Bewusstsein* oder *bürgerliche Ideologie* nennt. Während der alte FONTANE den preußischen Adel zwar zunehmend verachtete, soweit er als gesellschaftlich-politischer Faktor in Betracht kam, aber einzelne Vertreter dieser Schicht gelten ließ und als **Gegenstände** ansah, denen er eine **poetische** Seite abgewinnen konnte, brachte er der Verkörperung jener bürgerlichen Gesinnung, die mit ihrem Pochen auf Geld und Besitz den zugrunde liegenden Egoismus unverhohlen zeigte, ungeteilte Abneigung entgegen. Niemand war ihm so verhasst wie diejenigen, die er mit dem polemischen Begriff des *Bourgeois* belegte. Wie kaum ein anderer Dichter seiner Zeit sah er, dass die Interessen des Bourgeois längst nicht mehr übereinstimmten mit denen des gesellschaftlichen Ganzen und aus diesem Grunde Aspekte des Scheinhaften, Falschen und Verlogenen angenommen hatten.

Das belegen die folgenden Briefstellen; sie mögen darüber hinaus eine Vorstellung von dem durch Abneigung inspirierten Engagement vermitteln, mit dem FONTANE diese **Kritik in Form eines Romans** geschrieben hat:

FONTANE am 21. Juli 1883 an seine Frau:

Die reichen, dicken Bourgeois, die hier herumlaufen, sehen alle sehr wohl aus. Und nun gar erst die Bourgeoisen! Sie platzen fast und quietschen vor Vergnügen.

FONTANE am 18. April 1884 an seine Tochter Mete:

Alles Große hat von Jugend auf einen Zauber für mich gehabt, ich unterwerfe mich neidlos. Aber der ›Bourgeois‹ ist nur die Karikatur davon; er ärgert mich in seiner Kleinstietzigkeit und seinem unausgesetzten Verlangen, auf nichts hin bewundert zu werden. Vater Bourgeois hat sich für 1000 Taler malen lassen und verlangt, daß ich das Geschmiere für einen Velasquez halte. Mutter Bourgeois hat sich eine Spitzenmantille gekauft und behandelt diesen Kauf als ein Ereignis.

FONTANE am 25. August 1891 an Mete:

Das Bourgeoisgefühl ist das zur Zeit maßgebende, und ich selber, der ich es gräßlich finde, bin bis zu einem Grade davon beherrscht. Die Strömung reißt einen mit fort.[3]

Fontane am 27. Mai 1891 an Georg Friedlaender:

> Diese Anschauung (›Die Welt war nie so arm an Idealen‹) beherrscht mich seit Jahr und Tag und jeder Tag bringt neue Belege und steigert mein Unbehagen bis zur Angst. Dabei muß ich bemerken, daß ich nie zu den Lobrednern des Vergangenen gehört habe, auch jetzt noch nicht gehöre. Die Zeit, in die meine Jugend fiel, Ende der 30er Jahre, war auch schrecklich, in vielen Stücken, so in allem was Erscheinung angeht, schrecklicher als jetzt; die ›Ruppigkeit‹ von damals ist überwunden (leider noch immer nicht genug) – aber so sehr ich diesen Fortschritt anerkenne, so sehr er mich geradezu beglückt, so gewiß ist er auf halbem Wege stecken geblieben, auf der Station ›Aeußerlichkeit‹. Alles dient dem Aeußerlichen; auf den ersten Ruck ist dadurch 'was gewonnen, die Sinne werden befriedigter, aber so wie man ein bißchen schärfer zusieht, nimmt man eine Aeußerlichkeitsherrschaft wahr, die mit einer gewissen Verrohung Hand in Hand geht. Die ganze Welt, man könnte beinah sagen die Sozialdemokratie mit eingerechnet, hat sich durch gesteigerten Besitz und durch gesteigerte Lebensansprüche bis zu einer gewissen *Bourgeois*höhe, vielfach von greulichstem Protzenthum begleitet, entwickelt, aber von der Bewältigung der zweiten Hälfte des Weges, von der Entwicklung bis zur Aristokratie, der echten natürlich, wo das Geld wieder anfängt ganz andren Zwecken zu dienen als dem Bier- und Beefsteaks-Consum, – von dieser Entwicklung unserer Zustände sind wir weiter ab denn je […].[4]

Schließlich sei noch eine Stelle aus *Von zwanzig bis dreissig* zitiert:

> Denn der Bourgeois, wie ich ihn auffasse, wurzelt nicht eigentlich oder wenigstens nicht ausschließlich im Geldsack; viele Leute, darunter Geheimräte, Professoren und Geistliche, die gar keinen Geldsack haben oder einen sehr kleinen, haben trotzdem eine *Geldsackgesinnung* und sehen sich dadurch in der beneidenswerten oder auch nicht beneidenswerten Lage, mit dem schönsten Bourgeois jederzeit wetteifern zu können. Alle geben sie vor, Ideale zu haben; in einem fort quasseln sie vom ›Schönen, Guten, Wahren‹ und knixen doch nur vor dem Goldenen Kalb, entweder indem sie tatsachlich alles, was Geld und Besitz heißt, umcouren oder sich doch innerlich in Sehnsucht danach verzehren. Diese Geheimbourgeois, diese Bourgeois ohne Arnheim, sind die weitaus schrecklicheren, weil ihr Leben als eine einzige große Lüge verläuft. Daß der liebe Gott sie schuf, um sich selber eine Freude zu machen, steht ihnen zunächst fest; alle sind durchaus ›zweifelsohne‹, jeder erscheint sich als ein Ausbund der Güte, während in Wahrheit ihr Tun nur durch ihren Vorteil bestimmt wird, was auch alle Welt einsieht, nur sie selber nicht. Sie selber legen sich vielmehr alles aufs Edle hin zurecht und beweisen sich und anderen in einem fort ihre gänzliche Selbstsuchtslosigkeit. Und jedesmal, wenn sie diesen Beweis führen, haben sie etwas Strahlendes […].[5]

Für Fontane ist dieser Typus, wie Walter Keitel bemerkt, **eine peinliche Stilverwirrung, ein ganz ›unapartes‹ Auseinanderfallen von Sein und Erscheinung, deren Übereinstimmung für ihn den ›Menschen‹, die**

›Natur‹ ausmacht [...] Fontane hat als einziger Dichter seiner Zeit die Bedeutung dieses Typs erfaßt; die spätere spezielle Wissenschaft (Sombart, Oswald) zog daraus Nutzen und bezog sich auf ihn.[6]

1.3 Voraussetzungen und zentrale Thematik

Wie etwa in Gottfried Kellers Roman *Der gruene Heinrich* bereits das differenziert dargestellt wurde, was erst eine spätere Kinder- und Jugendpsychologie begrifflich zu fassen vermochte, so nimmt sich Fontanes *Frau Jenny Treibel* als eine höchst anschauliche und authentische Antizipation dessen aus, was die Soziologie unseres Jahrhunderts theoretisch entfalten konnte. Die Zusammenschau der Beiträge beider Seiten – der **praktischen** des Dichters und der **theoretischen** aktueller Wissenschaft – ist eine willkommene Hilfe zu vertiefter Einsichtnahme.

Dem Leser des Fontane-Romans sollte gegenwärtig sein, dass bürgerliches Bewusstsein im Verlauf des historischen Prozesses nicht von vornherein ein falsches Bewusstsein war. Im Gegenteil: Es zeigte seinen progressiven Charakter stets dort, wo das Bürgertum sich praktisch mit Institutionen und Autoritäten auseinander setzen musste, deren Interessen hinter den Anforderungen eines gesteigerten gesamtgesellschaftlichen Lebens zurückgeblieben waren, so etwa zu Beginn der Neuzeit, als es galt, die individuelle Leistung in theoretischer und praktischer Arbeit als gesellschaftlichen Maßstab durchzusetzen, und zwar deshalb, weil die mittelalterlichen Eigentums- und Rechtsverhältnisse unhaltbar geworden waren, wie sich im eklatanten Missverhältnis zwischen der ungenügenden feudalen Produktionsweise und den wachsenden Bedürfnissen der Volksmassen in Stadt und Land zeigte. Dazu war es damals notwendig, das in dieser untergehenden Welt herrschende Prinzip der Geltung aus bloßer Tradition – aus Abstammung, Gewohnheit, Alter – abzubauen und ihm die Idee des auf sich selbst gestellten Einzelnen entgegenzuhalten.

Darin sah vor allem die große bürgerliche Philosophie ihre Aufgabe: In ihr spiegelt sich getreulich der Kampf gegen die Autorität der abendländischen Tradition, der sie die Vernunft in jedem Individuum als legitime Quelle von Recht und Wahrheit entgegenstellte. Trotz aller inneren Widersprüche blieb diese Absage an autoritäres Verhalten in der bürgerlichen Philosophie bis zum Beginn des 19. Jahrhunderts thematisch. Angefangen bei Descartes, der rigoros zurückgeht aufs denkende Subjekt (**Cogito, ergo sum** [**Ich denke, also bin ich**].), über Leibnizens Begriff der von Gott auf sich selbst gestellten und absolut einsamen **Monade** bis hin zur Aufforderung Kants **Habe Mut, dich deines *eigenen* Verstandes zu bedienen!** wurde bürgerliches Denken nicht müde den Einzelnen dazu aufzurufen, sich als autonomes Wesen zu begreifen und deshalb die Fesseln geistlicher wie weltlicher Bevormundung abzustreifen, sich der eigenen Kraft bewusst zu werden und aus ihr heraus zu denken und zu handeln.

Die Befreiung, auf die dieser philosophisch-theoretisch formulierte Individualismus abzielte, gelang nur teilweise, weil die Voraussetzungen ungleich waren und nicht jeder dem Aufruf zur Selbstbestimmung folgen konnte. Die große Menge war weit davon entfernt, dazu auch nur Gelegenheit zu haben, und wenn sie sich auch mehr auf sich gestellt sah als früher, dann nur in dem Sinne eines Alleingelassenseins. In solcher Situation blieb ihr nicht viel anderes übrig als sich den Verhältnissen, Zuständen, Fakten zu fügen, in welche die Wirklichkeit nun auseinander fiel. Diese Wirklichkeit hatte sich im Mittelalter, weil auf den göttlichen Ratschluss bezogen, noch als sinnvolle irdische Ordnung präsentiert; jetzt aber stellte sich ein Pluralismus von bloßen Gegebenheiten dem allein gelassenen Individuum gegenüber als das *andere Prinzip*, dem kein großer, tragender Sinn mehr zu entnehmen und das hinzunehmen war, wollte man nicht untergehen. Während nur wenige (im wörtlichen Sinne) ›Herr‹ der Verhältnisse wurden, entwickelten sich für die weitaus meisten diese ›Verhältnisse‹ zu einer neuen ›Autorität‹; unfähig, sie als Ausfluss von Produktionsverhältnissen zu durchschauen, gewöhnte man sich schnell daran, sie als ›naturgegeben‹ anzusehen.

Dieser Grundwiderspruch zwischen Ideal und Wirklichkeit ließ auch die historisch wirksamen anthropologischen und moralischen Anschauungen des Bürgertums nicht unberührt. Welche Vorstellung vom ursprünglichen Wesen des Menschen auch immer ihnen zugrunde lag, so stimmten sie doch in der Hochschätzung aller ›sozialen‹ Regungen und in der strengen Verurteilung des Egoismus überein. Zusammen mit Hemmungen anderer (juristischer, wirtschaftspolitischer, staatlich-bürokratischer) Art konnten sie einerseits als Regulativ fungieren, das die Entfesselung des freien Wettbewerbs moderierte und in Bahnen hielt, die die Reproduktion des gesellschaftlichen Ganzen unter den gegebenen Bedingungen erst ermöglichten. Andererseits standen sie der Praxis fern, in der jeder gezwungen war gerade die egoistischen, ausschließenden, feindseligen Seiten seines Wesens auszubilden, wollte er sich in dem permanent kriegsähnlichen Zustande behaupten, zu dem jene Entfesselung des freien Wettbewerbs fortschritt, je uneingeschränkter das Bürgertum zur Herrschaft gelangte. Unter dem Druck solcher Widersprüchlichkeit wurde bürgerliche Moral schnell zu einer Moral ›für andere‹: Selbstbescheidung, Fügsamkeit, Disziplin, Aufopferung für das Ganze – diese Tugenden wurden der großen Menge empfohlen, die man damit zu domestizieren und dazu zu bringen hoffte, **den eigenen Anspruch auf Glück zu meistern, den Wunsch zurückzudrängen, ebenso gut zu leben wie jener kleinere Teil, der es sich eben darum gern gefallen ließ, daß, genaugenommen, seine Existenz von diesem brauchbaren moralischen Verdikt (des Egoismus) verurteilt wurde.**[7]

Freilich sahen diejenigen, die den Egoismus am stärksten verkörperten, nicht gern, wenn diese Triebkraft ihres Handelns beim Namen genannt wurde. Schon Mandeville, Verfasser einer *Bienenfabel*, in der er den Egoismus als Grundlage der damals gegenwärtigen Gesellschaft feststellte, sagte von jenen, jeder von ihnen wolle uns glauben machen,

daß der ihn umgebende Pomp und Luxus ihm durchaus nur eine lästige Plage und all die Herrlichkeit, in der er erscheint, eine verhaßte Bürde ist, die nun leider mal von der Höhe seiner Lebenssphäre unzertrennlich ist; daß sein über das Durchschnittsmaß so hoch erhabener edler Geist weiter emporstrebt und an so niederen Genüssen keinen Gefallen finden kann; daß es sein höchster Ehrgeiz ist, das Allgemeinwohl zu fördern, sein größter Wunsch, sein Land in Blüte und einen jeden darin zufrieden zu sehen.[8]

Diese teils bewusste, teils unbewusste Strategie bürgerlicher Gesinnung mit ihrem Widerspruch von Schein und Sein, von Anspruch und Wirklichkeit bildet in *Frau Jenny Treibel* die zentrale Thematik, die entfaltet und bis in ihre feinsten Verästelungen bloßgelegt wird, angefangen von der maliziösen Selbstverbesserung der Schmolke – **Ach, Frau Treibel ... Frau Kommerzienrätin** [...] (6) – bis hin zu Professor Schmidts apodiktischen Schlussworten: **Geld ist Unsinn, Wissenschaft ist Unsinn, alles ist Unsinn. Professor auch.** (171). Getragen wird diese Thematik vor allem von der Titelfigur; auch Jenny will uns glauben machen, dass das wirkliche Glück bei denen sei, die sich bescheiden müssen:

Ach, Corinna, glaube mir, kleine Verhältnisse, das ist *das*, was allein glücklich macht (10) [...] diese so viel begehrten Dinge sind wertlos für den, der sie hat. Oft wenn ich nicht schlafen kann und mein Leben überdenke, wird es mir klar, daß das Glück nicht anscheinend so viel für mich tat, mich nicht *die* Wege geführt hat, die für mich paßten, und daß ich in einfacheren Verhältnissen und als Gattin eines in der Welt der Ideen und vor allem auch des Idealen stehenden Mannes wahrscheinlich glücklicher geworden wäre. (109)

Die Verlogenheit solcher Aussprüche, die im Sinne einer Moral ›für andere‹ vorgetragen werden, tritt schnell genug zutage: Dieselbe Jenny Treibel vereitelt die Ambitionen Corinna Schmidts in die Familie Treibel einzuheiraten, aus Erwägungen, denen rein materielle und damit blank egoistische Gesichtspunkte zugrunde liegen; denn Corinna wird wohl kaum mehr mitbringen können als ihre Bettlade – **[...] um viel was anderes wird es sich nicht handeln** [...] (134). Deutlicher kann

nicht gezeigt werden, dass jener mit geistigem Schwunge vorgetragene Kampf des Bürgertums von einst gegen jede Abhängigkeit von Autorität inzwischen umgeschlagen ist in eine Vergötterung von Autorität – des Geldes und Besitzes nämlich, dass die Idee des freien Individuums, das kraft seiner Autonomie die Gesamtgesellschaft auf den Weg des Fortschritts bringt, zu einem Egoismus verkommen ist, der nur noch danach fragt, was einem selber nützt.
Auch die andere Seite, ohne die die bürgerliche Welt nicht zu denken ist, fehlt nicht in FONTANES Roman. Die große Zahl derer, die sich gerne fügen und sich selbst bescheiden, die mit der kargen Form ihrer Existenz durchaus zufrieden sind, vertritt die Witwe Schmolke. Sie hat die Moral ›für andere‹ vollkommen verstanden, hat sie zu ihrer eigenen gemacht, beobachtet sorgfältig die Formen, zu denen die moralischen Lehren geronnen sind, und sieht darauf, dass auch andere sie einhalten:

> [...] **die Schmolke, die's mit der Verlobung so eilig gehabt hatte, wollte von solcher Beschleunigung** [der Hochzeit Corinnas] **nicht viel wissen und meinte, bis dahin seien ja bloß noch drei Wochen, also nur gerade noch Zeit genug, ›um dreimal von der Kanzel zu fallen‹, und das ginge nicht, das sei zu kurz, darüber redeten die Leute** [...] (167)

Sie bezeichnet sich selbst als bloße Dienerin (120), die mitunter das Wort **Herrschaft** betont (117) und der die **Ordentlichkeit** zum Selbstzweck geworden ist: In Abwesenheit anderer putzt sie sich sonntäglich heraus ohne selber auszugehen (118). Gegen solche Formen falschen Bewusstseins sind selbst die Proteste der redegewandten Corinna machtlos, und dies umso mehr, als die Schmolke ihren verstorbenen Mann zitiert, der ihr zur unbezweifelbaren Autorität geworden ist; der sagte immer: **Höre, Rosalie, Bescheidenheit ist gut und falsche Bescheidenheit – denn die Bescheidenheit ist eigentlich immer falsch – ist immer noch besser als gar keine.** (120)

2 Zeitkritische Implikationen

2.1 Ort, Zeit und historischer Hintergrund

Der Roman spielt in Berlin. Unzählige Details tragen zur Fiktion eines quasi echten, unverwechselbaren Lokalkolorits bei. Was aber mehr noch dieses Werk zu einem *Berliner Roman* macht, das sind die Menschen, die FONTANE darin auftreten lässt. Schon eine frühe Kritik, die kurz nach dem Erscheinen des Werks veröffentlicht wurde, sah den besonderen Wert des Romans darin,

> **daß er nicht, wie es sonst geschieht, eben nur allgemein menschliches in Berlin sich abspielen läßt, sondern daß er Berliner, das heißt Menschen von einer Art schildert, die anderswo in solcher Färbung nicht denkbar sind. Diesen Zweck erreicht Fontane, ohne von der Äußerlichkeit des Berliner Dialekts, von der Nebenfigur der Wirtschafterin abgesehen, Gebrauch zu machen, im Gegensatz zu jener modernen Richtung, die den Berliner Dialekt als unentbehrliches Mittel realistischer Wirkungen betrachtet.**[9]

Ein bestimmtes Jahr, in dem die Romanvorgänge sich abspielen, wird im Text nicht direkt genannt, lässt sich aber anhand einiger Stellen erschließen. Da heißt es, dass Treibel sich **eine modische Villa** hat bauen lassen, **als […] nach dem Siebziger Kriege die Milliarden ins Land kamen** (14): **Hier wohnte Treibel seit sechzehn Jahren** (14). Die Annahme, dass diese Textstellen auf das Jahr 1888 deuten, wird durch eine Bemerkung Leutnant Vogelsangs gestützt, mit der er sich abfällig gegen das so genannte **Quitzowtum** äußert, **das seit dem gleichnamigen Stück wieder obenauf ist** (38), womit er Wildenbruchs Drama *DIE QUITZOWS* meint, das 1888 uraufgeführt wurde.[10] Der Dichter hat hier also nicht wie in *UNTERM BIRNBAUM* auf länger zurückliegende Zeit zurückgegriffen, sondern damalige Gegenwart oder unmittelbar der Gegenwart vorhergehende Vergangenheit gestaltet.

Professor Schmidt, eine der Hauptfiguren dieses Romans, ist der Ansicht, dass in der Geschichte nicht das Große, sondern eher das Kleine und Nebensächliche gelte, freilich nur dann, wenn etwas **drinstecke: […] dann ist es die Hauptsache, denn es gibt einem dann immer das eigentlich Menschliche** (62).

Getreu dieser Einsicht verfährt der Autor: Wie er den Gegenstand seiner Kritik, den Bourgeois und dessen Bourgeoisie, nicht in den unübersichtlichen Raum gesamtgesellschaftlichen Lebens und Treibens stellt, sondern sie in einer Enklave belässt, die kaum über das hinausgeht, was die Ausstrahlungen des Familiären noch erfassen, so verzichtet er darauf, als Hintergrund für seine genrehaften Szenen und Begebenheiten ein umfassendes zeitgeschichtliches Panorama aufzurichten. Einen Hinweis etwa auf die gravierenden politischen Vorgänge des Drei-Kaiser-Jahres 1888, in dem der Roman spielt, wird man vergebens suchen: Dergleichen ist im Sinne Schmidts bloß groß, vordergründig und **abstrakt;** das wird gewissermaßen der offiziellen Geschichtsschreibung überlassen.

Stellt er auch kein **großes** Ereignis von geschichtlicher Bedeutung in den Hintergrund, dessen Ausstrahlung die vordergründigen Gesinnungen und Begebenheiten erst ins rechte Licht setzt, so führt er doch kraft seiner **rücksichtslos lebenswahren und kritischen Gesellschaftsschilderung**[11] unzählige Einzelheiten, Kleinigkeiten und scheinbare Nebensächlichkeiten auf, in denen bei näherer Betrachtung etwas **drinsteckt:** nämlich zahllose Aspekte zeitgeschichtlicher Wirklichkeit. Sie zeigt er weniger in ihrem ›Ansich‹, mehr in der Bedeutung, die sie für denjenigen erlangen, den sie tangieren; denn sie bleiben – genau genommen – nicht im Hintergrund, sondern blitzen in jener privat-familiären Enklave auf, präsentieren sich in den Ansichten, Meinungen, Gesinnungen, wie sie die Figuren in Reden und Gesprächen Stellung nehmend kundtun. Paradox gesagt: Der Hintergrund erscheint im Vordergrund, subjektiv gebrochen zwar, aber gerade dadurch das preisgebend, was nach dem Ausspruch Schmidts das eigentlich Menschliche daran ausmacht.

Die einzelnen Aspekte bleiben nicht isoliert; aus ihrem Zusammenspiel ergeben sich Zusammenhänge wie aus Mosaiksteinchen ein Bild. Es ist das Bild der kapitalistischen Epoche in Deutschland nach 1870, ein Bild auch der damals entstehenden neuen Großstadtwirklichkeit.[12] Einige dieser Zusammenhänge heben die nachfolgenden Abschnitte hervor.

2.2 Der Bourgeois und die Politik

In der Figur des Kommerzienrates Treibel gestaltet FONTANE nicht nur individuelle Vorzüge und Schwächen, sondern auch einen objektiven Sachverhalt, der es eigentlich verbietet, die Problematik dieser Romanfigur auf das Schema von nur individuellem Schein und Sein zu reduzieren. In Treibels politischen Ambitionen stellt FONTANE zugleich die Schwächen des Bürgertums seiner Zeit dar. Dieses Bürgertum besaß längst nicht mehr das politische Selbstbewusstsein und Selbstvertrauen von 1789. Es hatte in den hundert Jahren, die seitdem vergangen waren, seine Energie vornehmlich in den Prozess technisch-industrieller Entwicklung gesteckt und darin verbraucht, sodass nichts mehr für ein Fortschreiten im eigenen politischen Bewusstsein und in der politischen Bildung übrig blieb. Seit der missglückten Revolution von 1848 eingeklemmt zwischen der schwungvollen Ideologie der sich organisierenden Arbeiterbewegung und der stagnierenden des alten Adels und der Großgrundbesitzer, wurde die Verkümmerung des bürgerlichen politischen Bewusstseins besonders durch die Furcht gefördert nach unten abzugleiten, wenn man den Anschluss nach oben verpasse. Diese Furcht – sie erhielt eine reale Grundlage, als 1873 eine Wirtschaftskrise der Konjunktur der *Gründerjahre* in Deutschland ein jähes Ende bereitete – zeitigte im Allgemeinen eine betont devote Haltung gegenüber der Oberschicht und eine erbitterte Abwehr der ›kleinen Leute‹, bewirkte in einzelnen Fällen aber auch die Einsicht, die eigenen Interessen auch auf dem Felde der Politik absichern, sich also politisch betätigen zu müssen. Solche Versuche blieben oft genug diffus in der Zielsetzung und dilettantisch in der Ausführung: Nicht jeder war ein Virchow oder ein Windthorst, sondern eben nur – ein Treibel. Der Dilettantismus war freilich nicht immer Folge subjektiver Unzulänglichkeiten, sondern auch erzwungen durch objektive Gegebenheiten, wie sie die Staatsführung und die von ihr dirigierte Bürokratie darstellten, die sich die Initiative nicht entreißen ließen, besonders nicht in einem neu gegründeten Deutschen Reich, das ohne die Mitwirkung seiner Bürger entstanden war und das seiner Struktur nach weder Platz ließ für verantwortliche Teilhabe an der obersten Regierungsgewalt noch Raum bot für das Austragen wirklicher Interessengegensätze. Unter diesem Druck wurde gewissenhaftes, der Vernunft unterworfenes Verhalten in öffentlichen Angelegenheiten immer mehr ersetzt durch eine Vorstellung von Politik, die sich in der **rechten Gesinnung,** im **Eintreten für das Vaterland,** in der **Verehrung von Kaiser und Reich** erschöpfte, wenn nicht überhaupt Politik als etwas Unkontrollierbares verstanden und damit irrationalisiert wurde, indem man an die Stelle der Erfahrung das Erlebnis setzte, was einen völligen Rückzug aus dem Bereich des politischen Handelns und eine verstärkte Hinwendung zur Sphäre des Privaten bedeutete.[13]

Mit größter Genauigkeit ist all das in der Situation festgehalten, in der sich Treibel befindet. Sein Versuch einer politischen Betätigung ist mit Notwendigkeit innerhalb des Romans ein ›blindes‹ Motiv, ein von Fontane spöttisch gesetztes Zeichen für die Vergeblichkeit eines dilettantischen Tuns, das samt seinem Opportunismus und seiner Liebedienerei gegenüber höheren Kreisen nur partikular-egoistischen Interessen entspringt. Von Leutnant Vogelsang mit seiner verschrobenen Idee einer **Royaldemokratie** (34) und von Distelkamp mit seiner standespolitisch gefärbten Ideologie abgesehen, zeigen die anderen Figuren keine (im engeren Sinne) politischen Bestrebungen: Auch das spricht für sich. Bei Jenny gar ist politisches Interesse ersetzt durch dasjenige an der Statusverbesserung ihres Mannes und durch sentimentale Neugier: **Haben Sie, mein gnädiges Fräulein, neuerdings etwas von Prinzeß Anisettchen gehört?** [...] **Sie soll glücklich verheiratet sein** [...] (22 f.) Die Ironie ist nicht zu überhören.

2.3 Bürgerliche Bildung

Das Nichtübereinstimmen von Anspruch und Wirklichkeit wird in diesem Roman am Phänomen der Bildung besonders deutlich. Die Titelfigur, die das Höhere wie ein repräsentatives Dekorationsstück mit sich herumträgt, verkörpert diesen Widerspruch so offenkundig, dass sich hier ein Kommentar erübrigt. Interessanter noch als die ironisch-kritische Darstellung eines exemplarischen Falles von verlogener Prätention ist FONTANES Versuch, bereits für seine Zeit Symptome des Verfalls klassisch-humanistischer Bildung gerade dort aufzuzeigen, wo man sich und anderen sein Gebildetsein viel ungezwungener beweist. Während Jenny ihr Streben nach dem Höheren stets sentimental im Munde führt, als gehorche sie einem psychischen Zwang, der aus ihrem plötzlichen und geistig nicht ganz bewältigten sozialen Aufstieg resultieren mag, bezeugen andere Figuren ihre Bildung durch ein gewisses Maß an Sprachbewusstsein und durch ein geläufiges Verfügen über klassische Literatur. Die kleinen Meditationen, die Schmidt über das von Jenny gebrauchte Modewort **unentwegt** (12 f.) und Treibel über den **Bilderschatz deutscher Nation** (132) anstellen, weisen das Sprachbewusstsein der jeweiligen Figur als bemerkenswerte und positiv zu deutende Kraft aus.[14]

Das Zitieren der Klassiker jedoch geht vielen Figuren in diesem Roman so leicht von der Zunge, dass es ihrer Sprechweise etwas Redensartliches verleiht. Diese Leichtigkeit erweckt den Eindruck, als sei dem Zitierenden der spezifische Sinngehalt des Zitats gar nicht mehr bewusst. Tatsächlich bringt er es um seine Substanz, indem er es aus seinem Kontext herauslöst. Das Zitat wird zur neutralen Spielmarke, die beliebig einem neuen Kontext eingefügt werden kann, aus dem sie – eben als Zitat – auch wiederum herausfällt und so zum Zeichen misslungener Integration wird. Diese eigentümliche Dialektik des Zitierens tritt besonders in der Redeweise Treibels hervor: Sein Sprachbewusstsein verhindert nicht das Redensartliche in seinen Auslassungen. Auch dem alten Distelkamp wird das Zitat zum Schlagwort, zur leeren Formel, wenn er sich auf Kants *Kategorischen Imperativ* beruft, dessen Intentionen aber in der weiteren Argumentation widerspricht.

Diese subjektive Schwäche im Erfassen eines sprachlich-ästhetischen oder -philosophischen Zusammenhangs trifft auf Tendenzen, die in diesen Zusammenhängen selber objektiv angelegt sind. Jene Symptome des Bildungsverfalls sagen zugleich etwas über die Schwäche in der Organisation klassischer Werke aus, deren formale Geschlossenheit sich offensichtlich im Verlaufe ihrer Wirkungsgeschichte bis zu einem gewissen Grade auflöst. Wie in der klassischen Oper mit ihrem reizvollen Wechsel von Rezitativ und Arie, von Aktion und Kontemplation, die Arien als die Partien emphatischen Gesangs von sich aus dazu tendieren, als schöne Stellen aus dem dramatischen und musikalischen Gesamtzusammenhang herauszufallen und sich zu verselbstständigen, so ähnlich droht das Eigengewicht einer sinnträchtigen, sprachlich komprimierten Formulierung das Gewebe des Kontextes zu zerreißen. Man denke an Schillers Stichomythien mit ihrer scharfen, zur Sentenz neigenden Redeweise, an seine rhythmisch hämmernde und formelhaft verkürzte Diktion (**alles rennet, rettet, flüchtet**), auch an die pointierten und ironisch funkelnden Bemerkungen des goetheschen Mephisto, vielleicht sogar an den mundgerecht formulierten Wortlaut des kantschen *Kategorischen Imperativs.*

Wie diese subjektiven und objektiven Gegebenheiten sich gegenseitig ergreifen, durchdringen und potenzieren, zeigt mit größter Genauigkeit das Sprachgebaren der Eheleute Treibel, in welchem innerhalb eines sonst prosaischen Kontextes Zitate, Redensarten, Bonmots und emphatisch hervorgehobene Worte wie fetischisiert erscheinen durch den übertriebenen Gebrauch, den die Sprechenden davon machen, als folgten sie den Zwängen eines geheimen Rituals. Dadurch stellt sich ein **Klima** her, in dem lediglich **die warenhaft verdinglichten Sachgehalte von Bildung auf Kosten ihres Wahrheitsgehalts und ihrer lebendigen Beziehung zu lebendigen Subjekten** überdauern: Das aber ist das **Klima der Halbbildung.**[15]

Eine winzige Stelle in jenem **lauten Denken,** mit dem Kommerzienrat Treibel sich selber vorstellt (15 f.), eröffnet in diesem Roman die Reihe der Augenblicke, in welchen das Misslingen von Bildung im klassisch-humanistischen Sinne offensichtlich und für einen weiten Kreis bezeugt wird, der so gut wie alle Figuren umfasst. Treibel gebraucht ein lateinisches geflügeltes Wort und dabei schießt es ihm durch den Kopf: **Der alte Willibald Schmidt würde sich freuen, wenn er mich so zitieren hörte, vorausgesetzt, daß es richtig ist. Oder vielleicht auch umgekehrt; wenn drei Fehler drin sind, amüsiert er sich noch mehr; Gelehrte sind nun mal so** [...] (16)

Treibels Unsicherheit gründet letztlich in einer nicht vollständig gelungenen Identifikation mit den Ansprüchen jenes Bildungsgedankens, den das zu sich selbst gekommene Bürgertum des ausgehenden 18. und des frühen 19. Jahrhunderts formuliert und in dem bürgerlicher Geist zur Selbstdarstellung gefunden hat. Die Möglichkeit des Ausgelachtwerdens, die er ins Auge fasst, bezeugt aber nicht bloß die Tatsache, dass nur **einzelne Individuen, die nicht ganz in den Schmelztiegel hineingeraten sind, oder professionell qualifizierte Gruppen, die sich gern selbst als Eliten feiern,** an Bildung partizipieren, sondern auch, dass deren Lachen über Emporkömmlinge, welche Fremdwörter verwechseln, den eigenen Glauben bestärken soll, ihnen sei die Identifikation geglückt.[16] Mit diesem Lachen aber liefern sie selbst das Fragezeichen, das hinter ihren Glauben zu setzen wäre.

2.4 Viktorianische Erziehung

Einen irrationalistischen Zug im bürgerlichen Bewusstsein hat FONTANE in der Art der Erziehung festgehalten, die Helene Treibel, geborene Munk, ihrem Töchterchen Lizzi angedeihen lässt, **eine Mustererziehung, wie sie eben nur die Hamburger Tradition geben konnte** (79). FONTANE hat die diesbezüglichen Erziehungsveranstaltungen mit ironisch-maliziöser Eindringlichkeit geschildert (78 ff.); sie erfüllen innerhalb des Romanganzen die Aufgabe einen Kontrast herzustellen zu den liberalen, antiautoritären Erziehungsmethoden, denen Corinna Schmidt einst unterworfen war. Hier genügt es, den hervorstechendsten Zug jener Mustererziehung heranzuziehen; nach gut epischem Brauch benennt ihn der Erzähler nicht abstrakt, sondern beschreibt ihn anschaulich in seinen äußerlich wahrnehmbaren Resultaten: [...] **im übrigen aber war alles weiß, das Kleid, die hohen Strümpfe, der Überfallkragen, und nur um die Taille herum** [...] **zog sich eine breite rote Schärpe** [...] (78) Der Mangel an Ebenholzfarbenem verhindert schneewittchenhaften Liebreiz, denn Lizzis Haare sind blond (78) und verleihen zusammen mit der Kleidung dem Erscheinungsbild wohl ebenfalls jene Fadheit, die Jenny Treibel als **Milchsuppenschaft** (77) an ihren Söhnen beklagt und die den Erzähler zu dem bissigen Kommentar veranlasst, **die Kleine** [...] **hätte sofort als symbolische Figur auf den Wäscheschrank ihrer Mutter gestellt werden können,** so sehr war sie der Ausdruck **von Weißzeug mit einem roten Bändchen drum** (79). Man sieht schon: An dem kleinen Mädchen kann sich der Reinlichkeitsfimmel der Mutter nicht genugtun, und diese glaubt allen Ernstes, die **Gaben der Natur** (79) durch eine adäquate Erziehung zu ergänzen, während sie in Wahrheit alle **Natur** unterdrückt und ihr Kind zu einem Püppchen dressiert, indem sie durch eine penetrante Pedanterie und durch eine allgegenwärtige Bevormundung jede kindlich-unbewusste und -unbefangene Regung im Keime erstickt und damit offenbar eine **Fleckenlosigkeit der Seele** (99) erzielen will, die sich an der körperlichen orientiert und ihr entsprechen soll.

Gewiss ehrt es Großvater Treibel und bezeugt in dieser Hinsicht seinen ungetrübten Blick, dass er ein leises Grauen empfindet angesichts einer Erziehung, welche die äußere Sauberkeit auf das Innere zu übertragen versucht, **die ganze Reinheit des werdenden Menschen auf die Weißheit seiner Strümpfe** stellt (99) und damit den Prozess einleitet, der durch Zähmung jeder ›unsauberen‹ Gefühlsregung zu jener Prüderie führt, die – wie wir rückblickend erkennen – das Viktorianische Zeitalter charakterisiert. Aber Treibel vermag doch nicht das in dieser Mädchenerziehung verborgene ideologische Moment zu erkennen, verfällt ihm vielmehr selber, da er ja an der Vorstellung von der **Reinheit des werdenden Menschen** festhält und lediglich kritisiert, woran sie gemessen wird. Hierin zeigt sich, dass das bürgerliche Bewusstsein neben rationalistischen Zügen auch immer irrationalistische ausgebildet hat, vornehmlich dort, wo die geforderte Selbstverwirklichung nicht gelang. Förderte der Konkurrenzkampf gewisse Kräfte und Fähigkeiten, auch seelische, so blieben andere Qualitäten, die man dafür nicht gebrauchen konnte, zurück und die Versagungen, zu denen man sich bequemen musste, erzeugten jene Sehnsüchte, die, nach außen projiziert, etwa der **Natur**, dem **einfachen Leben**, den Tieren und auch den Kindern die Vollkommenheit verliehen, die man im eigenen Inneren nicht finden konnte:

Das sentimentale Verhimmeln des Kindes als eines Symbols der Reinheit gehört zu jenen Äußerungen bürgerlichen Geistes, die zugleich Mittel und Ausdruck der erzwungenen Verinnerlichung von Triebregungen sind. Man dichtet dem Kind eine Freiheit von Begierden an, in der die schwere Entsagung, die man selbst zu leisten hat, mühelos verwirklicht ist. Nicht etwa als Träger theoretischer und praktischer Kraft, als Garantie der unendlichen Möglichkeiten des Menschen, sondern als Symbol der ›Reinheit‹, ›Unschuld‹, ›Kindlichkeit‹ bildet die Jugend im bürgerlichen Zeitalter ein Ideal.[17]

2.5 Imitation englischen Lebensstils

Die Nachahmung englischen Lebensstils durch Jennys Schwiegertochter Helene, **Hamburgerin und Tochter einer Freien Stadt** (81), stellt höchstens in ihrer Ausrichtung aufs bloß Äußerliche eine individuelle und recht amüsante Marotte dar, die zusammen mit der offenkundig oppositionellen Haltung gegenüber der Schwiegermutter und damit gegenüber allem Berlinerisch-Treibel'schen als erheiternder Zug nur zu gut in den Zusammenhang einer komödienhaften Erzählung passt. Darin ist aber doch auch die Tatsache des englischen Einflusses auf dem Kontinent, wie er sich im Laufe des 19. Jahrhunderts zunehmend bemerkbar machte, getreulich festgehalten. So lächerlich Helenes Pochen auf den überlegenen Status ihrer Familie, den die Großmutter Elisabeth Thompson einst mit dem **Chic einer Lady** (83) repräsentierte, auch ist, so regt sich in dieser Imponiergeste viktorianischen Zuschnitts doch so etwas wie das Bewusstsein, dass in Hamburg, der seit dem Ende der Kontinentalsperre von 1814 immer bedeutender werdenden ›englischen Festlandsbastion‹, Besitzbürgertum sich erst im Kielwasser des ›englischen Handelspartners entwickelt hat.[18] Da der Roman in den späten Achtzigerjahren spielt, dürften über diese **Hamburgerei** Helenes hinaus (82) auch Reflexe preußischer und Berliner Zustände eingefangen sein;

> **denn auch die Hauptstadt der preußischen Monarchie [gehörte], obgleich die Dynastie mit der Zarenfamilie aufs engste liiert war, gesellschaftlich in die englische ›Einflußsphäre‹ […] Und dieser Einfluß wuchs bedeutend, als mit Princess royal, der Prinzessin Victoria, eine Engländerin in die Hohenzollernfamilie heiratete. Mit dieser geistvollen und klugen Fürstin und ihrer Umgebung gerieten die zahllosen Kleinigkeiten und Einzelheiten der Mode in das Berliner Blick- und Interessengebiet. Englische Sitten und Gebräuche beim Reiten[19] wie bei der Toilette, englische Tischzeiten wurden üblich.[20] Victoria trug für kurze Zeit, bewundert und gefördert von ihrem Gatten, atlantische Lebensauffassungen in das kontinentale Preußen. Und ein erheblicher Teil des geistigen Bürgertums hoffte auf ein Herrscherpaar, wie man es in England an Victoria und Albert bewundern gelernt hatte.[21]**

2.6 Der Gebildete und die Arbeitsteilung

An einer Stelle des Romans setzt Professor Schmidt zu einer scharfen Attacke gegen die **Perückengelehrsamkeit** vergangener Tage an (54 ff.). Darin bewahrt der FONTANESCHE Gesellschaftsroman noch Reste der alten *Standessatire* aufklärerischer Herkunft, deren Traditionsstrang mit der Nennung von Lessings *DER JUNGE GELEHRTE* und Heines *HARZREISE* wenigstens grob angedeutet sei. Hier, in *FRAU JENNY TREIBEL*, wird **das Enge, Verschrobene und Törichte** des zum Spezialistentum herabgesunkenen ursprünglich frei waltenden Geistes[22] nur gesprächsweise und nicht in der Figur eines pedantischen *Spezialissimus* verspottet, wie das etwa in *CÉCILE* in der Figur des Eginhard aus dem Grunde geschieht. **Fontane, ganz im Gegensatz zu seinen Zeitgenossen, glaubt noch daran, daß der Spezialist (als Gegenbild des honnête homme) nicht gesellschaftsfähig sei, und präsentiert seine Historiker, Gelehrten und Kunstsachverständigen als aufgeblasene Kampfhähne, skurrile Figuren mit böhmischem Akzent, oder […] als närrische Steckenpferdreiter.**[23] In dieser **klassizistisch-höfischen Abneigung** des Künstlers FONTANE – wie

Peter Demetz das nennt[24] – gegen alles, was als Reflex einer Welt der Arbeitsteilung angesehen werden muss, liegt ein – wenn man so will – idealistisches Moment des FONTANESCHEN Realismus: **Schöne Menschlichkeit entfaltet sich in Fontanes Welt immer noch jenseits täglich plagender Pflichten; Beruf, geregelte Tätigkeiten, alltägliche Verrichtungen führen notwendig in die Enge, in eine bedauernswerte Verengung, in die häßliche Verbildung des menschlichen Charakters.**[23]

So richtig die demetzsche Beobachtung im Großen und Ganzen auch sicherlich ist, so wird man sie doch für den Fall der *FRAU JENNY TREIBEL* einschränken müssen. Zwar stimmt es auch hier, dass die Figuren jenseits ihrer beruflichen Tätigkeit vorgestellt werden; ein Treibel erscheint stets als Privatmann, niemals als Fabrikbesitzer. Aber schon die Schmolke macht hierin eine Ausnahme, und das nicht nur, weil sie in einer Küchenszene in voller Tätigkeit vorgeführt wird (152 ff.), sondern auch, weil sie einen Blick hat für die Verkümmerungen anderer, die von **alltäglichen Verrichtungen** herrühren (118). Die Arbeitswelt wird freilich nicht direkt geschildert; aber indirekt ist sie präsent in jenen seelischen Wundmalen, die jede Figur in irgendeiner Form aufweist und die von den Verletzungen zeugen, die jeder sich in der Plackerei des Alltags zugezogen hat. Wer wagt es da noch, angesichts des in *FRAU JENNY TREIBEL* geschilderten bürgerlichen Milieus, in dem selbst ein privater Gedanke noch durch das Prinzip des öffentlichen Konkurrenzkampfes geprägt wird, von **schöner Menschlichkeit** zu reden? Auch FONTANE nicht.

2.7 Schmidts Ideal des ›richtigen‹ Bürgers

Professor Schmidt, der noch am ehesten diesem Ideal zu entsprechen scheint, indem er seinen Spott über diejenigen gießt, die auf veralteten Prinzipien herumreiten oder abgelegene Felder mit einem Eifer abgrasen, der, auf andere Gegenstände gelenkt, gesellschaftlich nützlich sein könnte, hat selber ein Steckenpferd. Die Spekulationen, die seiner Vorliebe für Archäologie entspringen, sind ebenfalls nur Ausdruck einer Sehnsucht, dem eng gezogenen Kreis der alltäglichen Pflichten zu entkommen (56 ff., 91, 158, 169).

Immerhin überragt Schmidt insofern alle anderen Figuren dieses Romans, als er allein über die Fähigkeit verfügt ironisch alles infrage zu stellen; aber gerade seine Kraft zur **Negation** schlägt dialektisch um in Hoffnung, Zuversicht, Optimismus. Zweimal bringt Schmidt in Gesprächen den Namen Heinrich Schliemann ins Spiel (57, 158); obwohl es an keiner Stelle des Romans expressis verbis ausgesprochen wird, so kann man doch nicht umhin zu vermuten, dass – wenigstens im Gedankenhorizont Schmidts – die Gestalt Schliemanns als ein Gegenbild zum

Bourgeois figuriert, das zeigt, wie der Bürger eigentlich sein sollte: eine nicht vorgegebene, sondern gelungene Synthese von Besitz und Bildung verkörpernd und mit Interessen ausgestattet, die über das Individuell-Egoistische hinausgehen. Ein Idealbild, gewiss. Aber durch Schliemanns Werdegang aufmerksam geworden sieht Schmidt in der gesellschaftlichen Realität Ansätze, die hoffnungsvoll stimmen: [...] **es gab eine Zeit, wo das Kirchliche Sache der Kirchenleute war. Ist es noch so? Nein. Hat die Welt verloren? Nein.** (56) Zusammen mit seinem entschiedenen Dictum **Wer springen kann, der springt, gleichviel, ob er's aus der Georgia-Augusta oder aus der Klippschule hat** (57) deutet das sogar darauf hin, dass Schmidt im Bürger neuen Typs nicht etwa den Bourgeois, sondern den Citoyen meint, der nicht aus nur einer bestimmten Gesellschaftsschicht stammt, sondern aus allen Schichten kommen kann; ein gewisser **demokratischer** Aspekt in den Ansichten des Professors ist unverkennbar: Damit dürfte der äußerste Gegenpol zur Position selbstgefälligen Beharrens – einer Jenny Treibel etwa – bezeichnet sein.

3 Gestaltung

3.1 Begebenheiten und Gesinnungen

Von seiner Einsicht in ein Stück gesellschaftliche Wirklichkeit der damaligen Zeit her bestimmt sich FONTANES Erzählabsicht und damit auch die eigentümliche Art und Weise der Romangestaltung. Wie der polemisch-ironische Ton, der sich manchmal bis zum Satirischen hin steigert, nicht subjektiver Willkür entspringt, sondern von eben dieser zu kritisierenden Wirklichkeit, gegen die er sich wendet, erzwungen wird, so folgen auch alle anderen Komponenten inhaltlicher und formaler Art der Konsequenz, welche die darzustellende und zugleich infrage zu stellende Sache auferlegt.

Zu den Eigentümlichkeiten der Gestaltung gehört, dass *FRAU JENNY TREIBEL* nur wenige Handlungselemente aufweist, soweit überhaupt **ein Diner samt seinen Vorbereitungen, ein Professorenkränzchen, eine Landpartie, eine bei dieser Gelegenheit erfolgende Verlobung, ihre Auflösung und eine neue Hochzeit als Handlung eines Romans gelten können**[26]. Tatsächlich lägen solche stofflichen Momente **an und für sich nicht über der Ebene des Unterhaltungsromans**[27], der seit eh und je mit Vorliebe solche Zeremonien und Konventionen darstellt als Begebenheiten um ihrer selbst willen, an denen sich das von dem Lesehunger naiver Gemüter gesteuerte Interesse festmachen kann. Natürlich haben in den Siebziger- und Achtzigerjahren des vorigen Jahrhunderts auch andere Schriftsteller das bürgerliche Leben im zeitgenössischen Berlin als Thema gewählt (Julius Stinde: *DIE FAMILIE BUCHHOLZ,* 1884/85; Paul Heyse: *KINDER DER WELT,* 1873; Paul Lindau: *DER ZUG NACH WESTEN,* 1886; Heinrich Seidel: *LEBERECHT HUEHNCHEN,* 1882–90). Besonders wichtig für das Thema der Gründerzeitmentalität erwiesen sich Spielhagens *STURMFLUT* und Eugenie Marlitts *IM HAUSE DES KOMMERZIENRATS,* beide 1876 erschienen. Aber gerade **Modelle wie Spielhagens und Marlitts Romane [werden] Fontane doch mehr und mehr gezeigt haben, was er zu vermeiden habe,** und so ist er denn auch den deutlichsten Merkmalen des Trivialromans aus dem Wege gegangen,

> **nämlich der übermäßigen Vereinfachung der Motive, der Vermeidung jeglicher Ambivalenz und der Manipulation aller Erzählelemente zugunsten einer dramatischen Handlung. [...] Die ausgesprochene Komik in Fontanes Charakter- und Handlungsschema beruht zum größten Teil darauf, daß er dieses triviale Muster zwar benutzt, es aber völlig umdreht. In *FRAU JENNY TREIBEL* ist die**

> junge Heldin auch verhältnismäßig arm, intelligent und begabt. Aber sie bleibt auch arm, sie benutzt ihre Intelligenz dazu, soviel wie alle anderen zu intrigieren, und ihre Begabung findet ihren Ausdruck nicht in der Musik, sondern im Kunststopfen. Die beiden Männer, zwischen denen sie zu wählen hat, sind einerseits schwach, andererseits langweilig. Die böse ältere Dame trägt den Sieg über die junge Heldin davon. [...] In *Frau Jenny Treibel* [dreht Fontane] die Motive und Erzählmuster derart um, daß der Roman nicht nur eine Parodie der Bourgeoisie und ihrer Ziele und Interessen, sondern zugleich auch eine Parodie des Trivialromans und seiner Technik wird.[27a]

Die kunstvolle Umformung der genannten Handlungselemente in *Frau Jenny Treibel* besteht im Wesentlichen darin, dass sie nicht mehr als Begebenheiten an sich, sondern nur noch als provisorische, gerüstartige Unterlage dienen, über die Fontane die Redekatarakte seiner Figuren stürzen lässt. Und da deren Redseligkeit von teils bewusster, teils unbewusster Ironie förmlich gleißt und glitzert, fällt ein Abglanz dieser Ironie auch auf die Begebenheiten, die zu Steinen des Anstoßes zusammenschrumpfen, an denen sich das Wasser der Beredsamkeit bricht, sodass im Versprühen der sprachlichen Aktionen und Reaktionen etwas von den sonst verborgenen Gesinnungen der Figuren ans Licht kommt. In diesen hervortretenden Gesinnungen ist die eigentliche Substanz des Romans zu sehen und nicht in den Handlungselementen, die nur auslösende Funktion haben. Gesinnungen und Begebenheiten, die darzustellen nach Goethes Ansicht eine Aufgabe der epischen Formen ist, entsprechen sich also hier nicht mehr in klassischer Ausgewogenheit. Höchstens Corinnas **fait accompli,** ihre heimliche Verlobung mit Leopold Treibel (116), behält als zentrale Begebenheit eine gewisse selbstständige Bedeutung, die darin liegt, dass das Vorkommnis wie ein **Experiment** fungiert, **das herausbringt, was wirklich ist**[28] und was sonst verborgen geblieben wäre. Alles in allem könnte Hofmannsthals Wort über Goethes *Tasso* auch für Fontanes *Frau Jenny Treibel* gelten: **Eigentlich geschieht nichts. Es entschleiert sich etwas.**[29]

3.2 Chronologie und Simultaneität

Die sparsam bestückte Kette der Begebenheiten spannt sich denn auch nur von **einem der letzten Maitage** (5) bis zum 28. Juli, dem Hochzeitstag Corinnas (167), umfasst also lediglich zwei Monate. Aus dieser für einen Roman ungewöhnlich kurzen Zeiterstreckung werden zudem nur wenige Tage, aus diesen wiederum nur wenige Stunden herausgegriffen und dargestellt. Da bleibt kein Platz für breite Entfaltungen innerer oder äußerer Entwicklungen. Außer Corinna, bei der eine Sinnesänderung mehr angedeutet als unmittelbar geschildert wird, bleiben die Figuren so, wie sie sind. Auch soziale Werdegänge bleiben ausgespart, selbst im Falle der Titelfigur Jenny Treibel. Freilich ist und bleibt das ›Werden‹ immer vorausgesetzt. Vergangenheit erscheint in den Gesprächen: Der gegenwärtige Sprachgestus, die entlarvende Art, *wie* gesprochen wird, verschaffen tiefere Einblicke in das, was ausgespart und doch vorausgesetzt wird. Das *Was* bleibt zwar immer interessant und voller Bedeutung, das *Wie* aber verrät entschieden mehr vom Eingebundensein einer jeden Romanfigur in den objektiv-gesellschaftlichen Zusammenhang, in Allgemeines, während jenes *Was* bloß als zufällig-individuelle Einzelheit und Besonderheit lebt.

Die Tendenz zum Zuständlichen, wie sie in den bisher erörterten Momenten erkennbar wird, verstärkt sich noch durch ein eigentümliches erzählerisches Verfahren, mit dem FONTANE erstmals von seiner Gewohnheit abweicht die Begebenheiten einander schlicht nachzuordnen. Zwar bleibt auch diesmal die natürlich-chronologische Aufeinanderfolge gewahrt, aber nur im Großen und Ganzen. Denn als ein neues Gestaltungselement dürfen in diesem Roman die bemerkenswert häufigen Fälle von Gleichzeitigkeit verschiedener Begebenheiten aufgefasst werden, von intendierter Gleichzeitigkeit freilich, weil FONTANE das, was als simultan zu denken ist, nur im Nacheinander erzählen kann. So finden z. B. Treibels Diner und Schmidts ›Abend‹ zur gleichen Zeit statt, ebenso **findet auch das Scheitern der beiden unglücklichen Unternehmungen gleichzeitig statt. Treibel erfährt im 14. Kapitel, ›daß die Zossen-Teupitzer Wahlkampagne mit einer totalen Niederlage Vogelsangs geendigt‹ hat, und beschließt, die Politik aufzugeben. Und im selben Kapitel beschließt Corinna, Leopold aufzugeben, indem sie einen Brief von ihm zerreißt**[29a].

Durch solche Nebenordnung der Begebenheiten aber entsteht für das Bewusstsein des Lesers der Eindruck zeitlichen Stillstandes, etwa dann, wenn ihm klar wird, dass mitten im siebenten Kapitel – Heimkehr Corinnas und Marcells – der Uhrzeiger kaum wesentlich weitergerückt sein dürfte von dem Punkte, den er am Ende des vierten Kapitels – Aufbruch der Gäste – eingenommen haben muss. Im achten Kapitel laufen gar drei Begebenheiten nebeneinander her: die Frühstücksunterhaltungen Kommerzienrätin–Kommerzienrat, Helene–Otto und der Ausritt Leopolds. Spätestens hier wird deutlich, wie an die Stelle des verschmähten lebhaften Fortschreitens in der Zeit ein geschäftiges Hin und Her im Raume getreten ist, ein häufiger Standortwechsel des Erzählers, der – komisch-ironischer Grundzug des Werks – als erzähltechnische Veranstaltung selber manchmal erheiternd wirkt, so etwa, wenn im zehnten Kapitel die Gesellschaft sich in Gruppen auflöst und eine

Gruppe links, eine rechts um den See herumgeht, der Erzähler aber beiden folgt und die jeweiligen Unterhaltungen, die sich alle um die Problematik der Ehe drehen, wiedergibt, wenn auch notgedrungen nur nacheinander. Auch die Tischgespräche der Gruppe um Treibel und derjenigen um Corinna im dritten Kapitel sind als Simultanvorgänge gedacht und dem Leser wird bewusst, wie der Erzähler seinen Blick erst auf der einen, dann auf der anderen Gruppe ruhen lässt, als stünde er einmal am oberen, einmal am unteren Tischende und träte bei Gelegenheit der Trinksprüche Treibels und Vogelsangs so weit zurück um beide bisher getrennt gehaltenen Gruppen mit *einem* Blick zur Tafelgesellschaft zusammenfassen zu können. Standortwechsel und Simultaneität der Begebenheiten gibt der Erzähler ohne viele Umschweife, sozusagen schmuck- und phrasenlos an:

> **Um dieselbe Stunde, wo man sich bei Treibels vom Diner erhob, begann Professor Schmidts ›Abend‹ (49) – Es war um die neunte Stunde, daß die alten Treibels dies Gespräch führten, ohne jede Vorstellung davon, daß um ebendiese Zeit auch die auf ihrer Veranda das Frühstück nehmenden jungen Treibels [...] (78) – So ging das Gespräch an der Mitte der Tafel, aber noch heiterer verlief es am unteren Ende derselben, wo sich [...] (28)**

3.3 Gesellschaftspanorama und Gesellschaftskomödie

Indem durch solche intendierte Simultaneität der Ablauf der Zeit stellenweise sistiert wird, entsteht der – vielleicht flüchtige – Eindruck, dem Ganzen wohne ein Moment des Statischen, des Panoramahaften inne: Der Roman mit seinen zahlreichen Figuren nimmt sich aus wie ein Rundblick auf gesellschaftliche Verhältnisse und Bewusstseinslagen innerhalb eines bestimmten historischen Zeitpunktes. Betrachtet man dagegen andere Einzelheiten – die Kürze der Zeiterstreckung, die Art der Begebenheiten selber samt ihrer szenenhaften Gestaltung, den Verzicht auf ein Zurückdrehen der Zeit (Rückblenden), den feststehenden Charakter der meisten Figuren, deren Selbstdarstellung im Gespräch, die zahllosen Gespräche selber mit ihrer eminent vergegenwärtigenden Wirkung –, dann wird man den Eindruck nicht los, es handele sich hier um eine erzählte Komödie, um eine – denkt man an die Titelfigur Jenny – Charakterkomödie im molièreschen Stil, die bei FONTANE freilich auch noch selber auf den Kopf gestellt wird: Molières Tartüffe muss am Ende weichen, Frau Jenny aber behauptet sich und setzt ihren Kopf durch.[30]

3.4 Die ›Häuser‹ Treibel und Schmidt

Wie die Titel *Kommerzienrat* und *Professor* bereits von sich aus anzeigen, ist in diesem Roman das auf zwei ›Häuser‹ verteilt, was in der vagen Formel *Leute von Besitz und Bildung*, mit der das Bürgertum der zweiten Hälfte des 19. Jahrhunderts sich selbst begriff und von anderen abgrenzte, noch zusammengefasst war.[31] Von daher betrachtet stellt FONTANES Verfahren, gerade jene als zusammengehörig empfundenen bürgerlichen Wertvorstellungen auf zwei Personenkreise zu verteilen, bereits eine Ironisierung bürgerlichen Selbstverständnisses dar. Indem er das Haus Treibel so eindeutig *Besitz* repräsentieren lässt wie das Haus Schmidt *Bildung*, straft er eine Ideologie Lügen, die noch das zusammendenkt, was in der Realität längst getrennt war, und damit so tut, als lebte man noch im Zeitalter griechischer Philosophen und nicht in der arbeitsteiligen Gesellschaft des späten 19. Jahrhunderts, in welchem die Muße, die der Reichtum gewährt, keineswegs immer als Voraussetzung von *Bildung* genutzt wurde. Die Fragwürdigkeit der bloß verbal behaupteten Synthese von *Besitz und Bildung* wird anhand der Titelfigur dieses Romans rigoros entfaltet: Jenny Treibel gefällt sich darin, diese Synthese zu verkörpern; dieser Anspruch, in dem sich trotz ihrer Impertinenz auch wiederum ein gutes Stück Naivität zeigt, wird in den Begebenheiten dieses Romans schonungslos bloßgestellt.

Freilich ist das eine nur grobe Einteilung; denn man sollte nicht verkennen, dass trotz der im Roman festgehaltenen beträchtlichen Unterschiede zwischen Fabrikbesitzer und Akademiker, zwischen freiem Unternehmer und Beamten, zwischen modischer Villa und Mietshaus, zwischen kommerziellen und geistigen Interessen, zwischen der Herstellung von Berlinerblau und der Ausgrabung Trojas die Exponenten der beiden Lager auch wiederum in einer gemeinsamen Schicht wurzeln, dem Bürgertum eben, dem gehobenen Bürgertum, das den Verschiedenen eine einheitliche Grundierung verleiht. Die wird durch die wenigen Figuren, die über oder unter der bürgerlichen Schicht rangieren – die adeligen Damen Ziegenhals und Bomst, die kleinbürgerliche Schmolke –, nur noch hervorgehoben. Es gehört gerade zu den Feinheiten des Werks, dass die darin auftretenden Personen aus nur *einer* sozialen Sphäre genommen sind und an dieser Spielart einer *geschlossenen Gesellschaft* die Risse aufgezeigt werden, die von ihrem Inneren her aufbrechen und die dem Dichter eine dieser Gegebenheit völlig gemäße **immanente Kritik** erlauben, eine nicht von außen herangetragene Kritik, wie sie etwa die Verwendung einer **draußenstehenden** Figur mit sich gebracht hätte.

Diese Kritik spielt nicht einfach das eine Haus gegen das andere aus; sie ist Kritik nicht nur am Besitzbürger, sondern auch am Bildungsbürger. Das wird häufig übersehen oder abgestritten. Die meisten Interpreten fassen – sicherlich zu Recht – Professor Schmidt als Sprachrohr für die Überzeugungen und Meinungen FONTANES auf und stellen seinen **höchsten Standpunkt, den der Selbstironie,** als ein uneingeschränktes Positivum den Phrasen Jennys entgegen, ohne zu bedenken, dass sie mit solchen Festlegungen selber hinter der schmidtschen-fontaneschen Position zurückbleiben. Denn, wie oben dargelegt, bedeutet die Verteilung von *Besitz und Bildung* auf zwei verschiedene ›Häuser‹, dass dieses ›Ideal‹ sowohl bei den Treibels als auch den Schmidts jeweils nur auf reduzierte Art erscheint und damit kein Ideal mehr ist. Eine gewisse Ambivalenz in den Anschauungen des Bildungsbürgers Schmidt ist nicht zu übersehen, so zum Beispiel, wenn er seinem Kollegen Distelkamp gegenüber von **Umwandlungsprozeß** spricht, dabei den Attinghausen aus Schillers *TELL* zitiert – **Das Alte stürzt, es ändert sich die Zeit** – und für das heraufkommende Neue eintritt, weil es mit den alten Formen vorbei sei (56), Corinna gegenüber aber unversehens ein gutes Stück von dieser Position abrückt und nun seinerseits zu einer Kritik gegenwärtiger Mentalität übergeht, indem er auf **das Klassische** zurückgreift, das heute verspottet werde, obwohl es das sei, **was die Seele frei macht, das Kleinliche nicht kennt und das Christliche vorahnt und vergeben und vergessen lehrt, weil wir alle des Ruhmes mangeln** (163). Auch Corinnas Kritik am Vater (bes. 124) sollte in diesem Zusammenhang nicht vergessen werden, auch nicht der treuherzige Scharf- und Durchblick der Schmolke (118/124).[32]

Die beiden ›Häuser‹ lassen sich nicht so ohne weiteres in die Sparten *positiv* und *negativ* einreihen. Schon die in vielen Zügen sympathische Figur des Kommerzienrates Treibel steht solcher Vereinfachung entgegen, und Professor Schmidt geht auch nicht ohne Rest in der Rolle eines positiv gesehenen Widerparts der Kommerzienrätin auf, weil es neben ihm auch noch seine Tochter Corinna gibt, die, wie er selber weiß, über seinen eigenen Standort bereits hinaus ist: **Sie [...] übersieht uns alle; das Schmidtsche strebt in ihr nicht bloß der Vollendung zu, sondern [...] kommt auch ganz nah ans Ziel** (67). Das Verhältnis des Treibelschen zum Schmidtschen und umgekehrt erschöpft sich schon deshalb nicht in einem Antagonismus nach Schwarz-Weiß-Manier, weil es innerhalb eines jeden Lagers auch noch das Generationenproblem gibt, die Dialektik zwischen dem Alten und dem Neuen, die schließlich von einem Haus auf das andere überspringt, wie das an der Konfrontation Jenny–Corinna zu sehen ist. Diese Auseinandersetzungen spielen sich zudem nicht nur zwischen zwei, sondern zwischen drei Generationen ab: Corinna kritisiert den Vater, dieser wiederum den noch älteren Distelkamp, und dieser Kritik von unten herauf stehen die Auslassungen Großvater Treibels über die Erziehung seiner Enkelin Lizzi als eine Kritik von oben herab gegenüber.

3.5 Konstellationen, Entsprechungen, Kontraste

Solche Entsprechungen, die miteinander kontrastieren, und Kontraste, die einander entsprechen, lassen sich schon aus den Figurenkonstellationen herauslesen. Sie stellen als wichtige Bauelemente die symmetrische Ausgewogenheit dieses Romans her ohne einem öden Schematismus zu gehorchen; eher wären sie mit dem Verhältnis zwischen einander widersprechenden und doch insgeheim zusammenstimmenden Komplementärfarben zu vergleichen. Die nachstehende Übersicht, in loser Folge und ohne Anspruch auf Vollständigkeit, mag die Sorgfalt belegen, mit der FONTANE komponiert:

Das ›Haus‹ Schmidt wird repräsentiert durch drei Personen, das ›Haus‹ Treibel (im Kern) ebenfalls:
Schmidt – Treibel
Schmolke – Jenny
Corinna – Leopold

Ein ›Chor von Trabanten‹ schart sich um jede Kerngruppe, ihr Relief verleihend; derjenige um die Treibels, die ja auch die Titelfigur stellen und außerdem als Neureiche auftreten, ist ungleich größer: Während auf der schmidtschen Seite nur sechs der **Sieben Waisen Griechenlands** (die noch nicht einmal alle erscheinen) und Marcell Wedderkopp stehen, befinden sich auf der treibelschen Seite immerhin Otto, Helene, Lizzi, Hildegard, Nelson, Fräulein Honig, die adeligen Damen Ziegenhals und Bomst, Leutnant Vogelsang und Assessor Goldammer, Krola, die Felgentreus etc. etc.

Die einstige Konstellation Schmidt – Jenny – Treibel scheint sich in der jüngeren Generation im Dreiecksverhältnis Marcell – Corinna – Leopold zu wiederholen.

Der **denkbar höchste Standpunkt, der der Selbstironie** (50), und derjenige **der Betrachtung aller Dinge von zwei Seiten her** (135) liegen nicht weit auseinander: In diesem Sinne stehen Schmidt und Treibel Seite an Seite und in diesem Sinne bilden beide – jener stärker, dieser schwächer – den Kontrast zu Jenny Treibel, zu deren **Vokabular des hohlen Pathos und der zur Schau getragenen Sentimentalität**[33]. Schmidt ist Oberhaupt einer **plauderhaften Familie** (31), die **über alles redet** (124), und Treibel hat **das Bedürfnis und die Gewohnheit des**

Sichaussprechens (135) und ist **auch nicht in einem Trappistenkloster geboren und großgezogen** worden (15). Aber schon in der Art, wie jeder der beiden sein Steckenpferd reitet – Interesse für Archäologie, Interesse für Politik –, zeigen sich wesentliche Unterschiede, die weniger in der Verschiedenheit der interessierenden Gegenstände liegen, sondern in der Gesinnung des ›Reiters‹: Schmidt mit seinem ausgeprägten Sinn für Historisches und damit auch für das Gebot der Stunde würde am liebsten Sozialdemokrat werden, wenn er nicht Professor wäre (146); wie der einschränkende Nebensatz zeigt, bleibt diese Absicht im bloß verbalen Bereich stecken. Treibel, ein im Grunde unpolitischer Mensch, besteigt das Steckenpferd nur um den Konsultitel zu erwerben; ihm steckt halt **der Bourgeois** [...] **wie seiner sentimentalen Frau tief im Gemüt** (136).

Schmolke und Jenny bilden eine sprechende, viel sagende Konstellation, weil sie in der Erzählgegenwart des Romans aufseiten der weiblichen Figuren Extrempositionen einnehmen: Auf der sozialen Stufenleiter steht die eine unten, die andere oben. Das war nicht immer so: Beide entstammen dem gleichen Milieu, nämlich kleinbürgerlichen Kreisen. Jetzt aber betreut die Haushälterin, selber Witwe, einen Witwer und dessen Tochter, an der sie die Mutterstelle vertritt; die stark emotionale Bindung an die, denen sie den Haushalt führt, weist sie aus als eine Frau mit Herz, als eine ›Treu-Herzige‹, während Jenny, eine wirkliche, leibliche Mutter, zwar ständig von **Herz** redet und vom **Herzen**, das **sich zum Herzen find't** singt, für Mann und Söhne aber nur Kritik aufbringt und überhaupt nur **ein Herz für das Ponderable hat, für alles, was ins Gewicht fällt und Zins trägt** (72).

In Corinna und Leopold, die gleichaltrig sind (47), stehen sich die **große, forsche Person, die die Kinderschuhe längst ausgetreten hat** (124) und das **Kind** (11), der **Schläfrige und Temperamentlose**, der **schon beinahe eine Suse** ist (77), gegenüber.

Mr. Nelson und Leutnant a. D. Vogelsang werden unmittelbar miteinander konfrontiert (19). Nelson, der **auch jetzt noch wie ein Junge wirkte** (18), möchte gerne älter erscheinen (**Oh, sechzehn, nicht sehr alt** [...] **nicht für uns** (18)), Vogelsang, **alt und aufgesteift** (19), gerne jünger; aber die Leutnantsuniform kann nicht mehr verdecken, dass **er seit wenigstens dreißig Jahren außer Dienst sein müsse** (18).

Beide sind **Spiegelfiguren** genannt worden, weil der eine Treibels **Sünden**, der andere Corinnas **Illusionen** verkörpert; beide werden an einem Ideal gemessen, **dem gegenüber sie Dekadenzstufen darstellen**[33a]. Jeder der beiden ist auf seine Art eine komische Figur, der Leutnant a. D. vielleicht sogar Karikatur.

Die Linie, die beim Berlinerischen der Treibels einsetzt und über die Nachahmung englischen Lebensstils, den **Hamburgereien** (99) der Munks, hinwegläuft, wird durch die Figur Mr. Nelsons tatsächlich bis ins original Englische hinein verlängert.

Marcell, der immer **aufs Rechte und immer aufs Ganze** (162) und damit das **wirklich Ideale** (163) lebt, bleibt zwar **skizzenhaft abstrakt im Hintergrund**[34], wirkt aber gerade von dorther und natürlich kraft seiner Gesinnung als eine Gegenfigur zur im Vordergrund stehenden Jenny mit ihren Phrasen vom **Höheren, Idealen**.

Distelkamp und Schmidt, die Vertreter verschiedener Generationen, fechten am gründlichsten die schon genannte Kontroverse zwischen dem Alten und dem Neuen aus. Distelkamps Pochen auf Autorität findet seine Entsprechung in gewissen autoritären Zügen Jennys (vgl. die Unterredung mit Leopold, 128 ff.).

4 Haushälterin und Kommerzienrätin

4.1 Gemeinsamkeiten und Gegensätze

Die ersten beiden Figuren, die in diesem Roman aufeinander treffen, sind Schmidts Wirtschafterin Schmolke und die Kommerzienrätin Treibel (6) und es scheint so, als wolle der Erzähler mit den wenigen Daten, die er von beiden dem Leser gibt, eine gewisse Ähnlichkeit andeuten: hier die zwar geschmackvoll und sorglich gekleidete, aber korpulente und **ein wenig asthmatische** Endfünfzigerin (5), deren Habitus aus kleinbürgerlichem Blickwinkel gesehen sicherlich etwas **Großspuriges** hat, dort die **ramassierte Frau von ausgangs Vierzig** (6) mit dem **ansehnlichen Haubenbau** (6), der das Untersetzte und Gedrungene ihrer Gestalt wohl noch kräftig unterstreicht. Der äußeren Entsprechung gesellt sich eine innere: Beiden eignet, wie der Romanverlauf zeigt, eine gewisse Resolutheit des Auftretens, die sich freilich je nach dem Wirkungskreis verschieden gestaltet; bei Jenny tritt sie ungleich schärfer hervor als autoritäres Verfügen über andere (Leopold), bei der Schmolke gedämpfter als geräuschvolle Geschäftigkeit, **jenem absichtlichen und ganz unnötigen Lärmen, durch den alte Dienerinnen ihre dominierende Hausstellung auszudrücken lieben** (157); die erste Handlung, die von ihr berichtet wird, besteht denn auch in einem geräuschvollen Zurückschieben des Türriegels (6). Die durch den sonderbaren Küchengeruch von Rührkartoffeln, Karbonade und Seifenwrasen ausgelösten Erinnerungen,[35] die der Kommerzienrätin vor Schmidts Wohnungstür kommen, machen es gewiss, dass nicht nur die Schmolke, sondern auch Jenny aus kleinbürgerlichem Milieu stammt (5 f.).

Aus diesem mehr oder weniger deutlichen Fond von Gemeinsamkeiten heraus entwickeln sich gewichtige Unterschiede; es sind, wie bei den anderen Figuren auch, solche der Gesinnung. Diejenige der Schmolke, deren Wirkungskreis seit eh und je die Häuslichkeit mit der Küche als Zentrum war, lässt sich an ihrer Einstellung zu denjenigen ablesen, die sich mit ihr diese Häuslichkeit teilten und teilen: Das war einst ihr Mann, das sind jetzt der Professor und Corinna.

4.2 Die Treue

Wie Schmidt einmal scherzend hervorhebt, hat die Schmolke eine Vorliebe für Pudel wegen deren Treue (59), was auf die Treue derjenigen zurückverweist, die eine solche Vorliebe hegt. Schmolkes Treue äußert sich in einem ständigen und zur stehenden Redewendung gewordenen Sichberufen auf ihren verstorbenen Mann. Das provoziert das Lächeln des Lesers. Gleichwohl kommt diesem der Komödientradition entlehnten Zug innerhalb des Romanganzen eine ernste, eine erhebliche Bedeutung zu, zeigt er doch, dass die Schmolke – ganz im Gegensatz zu Jenny mit ihrem **Talent, alles zu vergessen, was sie vergessen will** (72; vgl. auch 134) – nichts vergessen hat, dass sie immer wieder eine Kontinuität ihrer Erfahrungen, ihrer ›Lebensweisheiten‹ herstellt, indem sie Gegenwärtiges gedanklich mit Vergangenem verknüpft, eines sich im anderen spiegeln lässt. Es ist geradezu, als ob sie damit ihre durch den Tod des Partners aufgehobene Ehe bis in die Gegenwart hinein verlängere und dem Verstorbenen so etwas wie ein zweites Leben verschaffe.

Freilich hat diese Treue eine Kehrseite, verrät doch die Anlehnung an den inzwischen zur unbezweifelbaren Autorität aufgestiegenen einstigen Partner auch ein wenig die Unselbstständigkeit und Beschränktheit der Schmolke. Das Bild jedoch, das sie im Gespräch (121 ff.) von ihrem Mann entwirft, bestätigt nicht nur Corinnas Vermutung, Schmolke müsse **ein ausgezeichneter Mann** (120) gewesen sein, sondern zeigt darüber hinaus, dass dessen Gesinnung tatsächlich wert ist, in einer Welt, in der jeder nur an sich denkt, als vorbildlich festgehalten zu werden; denn Schmolkes Autorität gründet in der **reelle[n] Macht des wirklichen Wissens** (56), ist Autorität im Sinne Professor Schmidts, an den er denn auch – von den Zusammenhängen des Romans her gesehen – nahe heranrückt, wenn auch auf vergleichsweise tieferer Stufe.

Die Rede Schmolkes an seine damals eifersüchtige Rosalie, von dieser wörtlich wiedergegeben (123), bezeugt dies. Sie bildet im Romanganzen die Stelle, an der die Immanenz des Dargestellten, die Welt des Bildungs- und Besitzbürgertums nämlich, jäh durchbrochen und der Blick freigegeben wird auf Verhältnisse, in denen nicht wie in der gutbürgerlichen Sphäre alles von einem beschönigenden Schein umgeben ist, sondern eine durch gesellschaftliches Unrecht gekennzeichnete Wirklichkeit nackt hervortritt und dem, der **ein Herz im Leibe** hat (123), Schmerzen bereitet. Im Zusammenhang seiner Rede wirken Wörter wie **Elend, Jammer, Schande** und **armes Wurm** denn auch wie blutige Wundmale, angesichts derer Ausdrücke wie **liebhaben, helfen** und **retten** zu einem Vokabular der Ohnmacht werden. Wohl ruft Schmolke Begriffe wie **Proppertät, Strammheit, Gesundheit** und **erstes Garderegiment** als Korrektive auf; aber es scheint doch so, als könne derjenige, der **ein Herz im Leibe** hat, die Ahnung nicht zum Verstummen bringen, in der Ordnung, die er beschwört, sei eben nicht alles in Ordnung. Den Widerspruch sieht er, weiß um ihn, einen Ausweg kennt er nicht. Sein

Nachhausegehen zu Rosalie, zu Hammelfleisch und Bohnen, ist nichts weiter als ein Eingeständnis der Ohnmacht, ist ein Rückzug ins Private, zum Glück im Winkel, wo er das zu finden hofft, was die Zustände ›draußen‹ nicht gewähren: Trost. Es ist jedoch bloß ein Trost aus Resignation, ein Trost, den die Trostlosigkeit erst produziert, und diese grausame Dialektik zeigt ihre Macht auch darin, dass Schmolke die heillose Wirklichkeit zitieren muss um Rosaliens Eifersucht als **Unsinn** zu überführen (123): Angesichts der gesellschaftlichen Realität nehmen persönliche Gefühle – und nicht nur das der Eifersucht – den Anschein des Peripheren, des Gleichgültigen an, womit sich jenes tröstende Winkelglück als ein nur schwacher Trost erweist.

4.3 Die Herzliche

Die Schmolke hat, wie Corinna etwas respektlos bemerkt, **so ihre Vorstellungen von dem, was sie sich und ihrem Verstorbenen schuldig ist** (63), und sie glaubt ihre Treue zum einstigen Lebensgefährten nicht besser bekunden zu können als durch bewusstes Anähneln, als durch den Versuch einer Totalidentifikation: Die Eifersüchtige, die einst um den Besitz des Lebenden bangte, ergreift nun vom Toten unwiderruflich Besitz. Daraus zieht sie Ruhe und Sicherheit und es sieht so aus, als habe sie von ihrem Mann dessen klaren Blick für die nackte Realität übernommen. Nicht nur das wahre Wesen der Kommerzienrätin durchschaut sie mühelos (125), sondern sie sieht auch deutlicher als selbst Corinna etwas von den Unzulänglichkeiten und Unzumutbarkeiten der materiellen Basis, auf der sich als deren Produkt Professor Schmidts Selbstironie wie ein Überbau erhebt. Jedenfalls ist die Schmolke die einzige Figur innerhalb des Romans, die auf solche Voraussetzungen zu sprechen kommt:

> **Und so viel hat ein Professor auch nicht, und wenn er auch nicht geradezu klagt, Seide spinnen kann er nicht [...] Der Alte quält sich genug, und wenn er so die Bündel ins Haus kriegt und die Strippe mitunter nicht ausreicht, so viele sind es, denn tut es mir mitunter ordentlich weh hier. Denn Papa ist ein sehr guter Mann, und seine Sechzig drücken ihn nu doch auch schon ein bißchen. Er will es freilich nicht wahr haben und tut immer noch so, wie wenn er zwanzig wäre. Ja, hat sich was. Und neulich ist er von der Pferdebahn runtergesprungen, und ich muß auch gerade dazukommen; na ich dachte doch gleich, der Schlag soll mich rühren [...] (118)**

Unbefangen kleidet sie ihren Gefühlsanteil in Worte, zeigt sie ihre Fähigkeit, mit dem Herzen zu denken, und sie denkt immer an andere, an ihren Mann, an Schmidt und Corinna, niemals an sich.

Während der Erzähler eigens hervorhebt, dass Jenny, wohl wissend,

was in einem reichen und auf Repräsentation gestellten Hause brauchbare Dienstleute bedeuten (22), deren Arbeitskraft durch überdurchschnittliche Bezahlung und betont gute Behandlung erkauft – was den Kutscher dann doch nicht daran hindert, scharf mit der Peitsche zu knallen, wenn es ihm zu lange dauert (12) –, spricht er im Falle der Schmolke nicht von Geld: Er scheint damit stillschweigend auf ein Verhältnis hinzuweisen, das auf wechselseitiger Sorge und Fürsorge zwischen ›Herrschaft‹ und Hausgehilfin beruht und mit Geld im Grunde nicht aufgewogen werden kann. Spielt Geld hier für den Erzähler keine erwähnenswerte Rolle, so versäumt er es nicht, immer wieder das Phänomen darzustellen, das die Standesunterschiede, die als Voraussetzungen für solches Treueverhältnis gewiss bestehen bleiben, überspielt und teilweise auch wieder aufhebt: das in einer Konkurrenzgesellschaft unschätzbare Phänomen der Menschlichkeit.

Wie sagt denn auch Professor Schmidt? – [...] **ein Minister bedeutet mir wenig, aber die Schmolke** [...] (12).

4.4 ›Mémoire volontaire‹ und ›mémoire involontaire‹

Den durch ihre Heirat mit Treibel rasch zustande gekommenen sozialen Aufstieg und ihr entschlossenes Hineinschlüpfen in die ersehnte neue Rolle hat Jenny mit dem Verdrängen der eigenen Vergangenheit bezahlt – gern bezahlt, wie man annehmen darf. Was in ihren Reden von den kleinen Verhältnissen bekannt wird, denen sie entstammt, ist nicht viel, wohl aber viel sagend. Nur ungern erinnert sie sich oder lässt sich erinnern (104). Sie **hat ein Talent, alles zu vergessen, was sie vergessen will** (72). Schmidts Einsicht deutet darauf hin, dass bei ihr im Grunde nur die **mémoire volontaire**, die willkürliche Erinnerung, funktioniert und nur das aus der Vergangenheit heraufholt, was das unter der Aufsicht des Bewusstseins stehende Gedächtnis bereithält.[36] So tauchen nur Einzelheiten aus vergangenem Bereich in Jennys Worten auf. Die Informationen aber, die dieses bewusste und auswählende Erinnern über Verflossenes erteilt, erfassen nicht das Wesen der Vergangenheit, nicht deren eigentliche Wahrheit, weil Jenny die ausgewählten Vergangenheitsreste als Stoff für ein schrankenloses Schwärmen gebraucht, das sie als eine gefühlvolle Frau, als Frau mit Herz, ausweisen soll. Die kluge Corinna scheint das zu spüren und hält den diesbezüglichen Ausführungen Jennys entgegen: **Aber das liegt nun zurück und ist vergessen oder wohl gar verklärt.** (10) Das wenige, das Jenny aus der Erinnerung kramt, legt sie sich um wie einen Schmuck, es dient lediglich dazu, die Staffage zu vervollständigen, die sie zu ihrer Rolle als Kommerzienrätin, als **mütterliche Freundin** (6), als Frau mit Herz benötigt;

Schmidts Lied, in welchem sich **die Herzen finden**, ist exponiertes Beispiel dafür, wie Jenny Dokumentationen des Vergangenen in der Gegenwart als dekorative Versatzstücke gebraucht. Nur gelegentlich schlägt die *mémoire involontaire*, das unwillkürliche und vom Zufall abhängige Erinnern, der Kommerzienrätin ein Schnippchen und zerrt Einzelnes ans Licht der Gegenwart, das sonst im Dunkeln geblieben wäre, wie etwa das ein wenig kompromittierende Eingeständnis, einst für Georg Herwegh geschwärmt zu haben (24), das sie freilich im Gespräch mit Leutnant Vogelsang dazu benutzt, sich ein Alibi für nationale und protestantische Gesinnung zu verschaffen.

4.5 Herkunft und Erziehung

Immerhin erfährt der Leser, dass Jennys Vater in der Adlerstraße, Schmidts gegenüber, einen Materialwarenladen besaß, in dem Jenny aushalf und Tüten klebte, wofür sie 2 Pfennig pro Hundert bekam, um, wie der Vater meinte, mit Geld umgehen zu lernen (6). Das hat sie in der Folge denn auch, was zu der Annahme berechtigt, dass jener väterliche Erziehungsvorsatz – der einzige, der überliefert wird – wohl eine zentrale Stellung im Denken des Vaters eingenommen und ein für allemal festgehalten haben muss, worauf es seiner Meinung nach im Leben allein ankomme.

Im Übrigen dürfte von einem kräftigen Zupacken Jennys kaum die Rede gewesen sein, eher vom Rosinennaschen (71) und der **Bevorzugung von Courmachen und Schlagsahne** (12). Noch heute **steht es vor ihr**, wie der Lehrling Louis während des gemeinsamen Mittagsmahls bewundernd nach ihr hinüberschielte und jedes Mal verlegen wurde, wenn er sich ertappt sah (6); die Begründung für dieses Verlegenwerden, die sie sich selbst zurechtgelegt hat, zeigt, welchen selbstüberheblichen Standpunkt man sie damals bereits hat einnehmen lassen. **Louis war zu niedrigen Standes, aus einem Obstkeller in der Spreegasse** (6). Hierin macht sich der Einfluss der Mutter geltend, die ihr, **soviel sie sonst zu tun hatte**, die kastanienbraunen Locken **doch immer mit rührender Sorgfalt wickelte** (8) und **das Püppchen [...] immer so hübsch herauszuputzen wußte** (13). Am Ziel angelangt, das die Mutter in ihrer **Weiberklugheit** (13) mit der auf Äußerlichkeiten angelegten Erziehung von vornherein angestrebt hatte, erinnert sich Jenny: **Meine Mutter, wofür ich ihr noch im Grabe danke, war immer für die besseren Klassen. Und das sollte jede Mutter, denn es ist bestimmend für unseren Lebensweg** (25).

So **liebäugelte** sie damals mit jedem, der ins Haus kam, auch mit Schmidt, hielt aber alle so lange hin, **bis endlich Treibel erschien und**

dem Zauber ihrer kastanienbraunen Locken [...] **erlag** (71). Und mehr noch ihrer Sentimentalität (71). Die Macht ihrer Gefühle, vor der damals schon Schmidt **einen Schreck kriegte** (71), konnte zu ihrer Hypertrophie nur kommen, weil in Jennys psychischem Haushalt offenbar all das nicht genügend ausgebildet worden ist, was der Gefühlssphäre die Waage hätte halten können: vorab intellektuelle Fähigkeiten. Das soll nicht heißen, sie sei dumm; aber der Besuch eines ausländischen Gastes setzt sie doch einigermaßen in Verlegenheit, wie die gehörige Selbstdarstellung des Hauses Treibel in einem Falle zu leisten sei, der höhere Anforderungen stellen wird. Sie zieht sich sehr gut aus dieser Verlegenheit; wie sie weiß, **was in einem reichen und auf Repräsentation gestellten Hause brauchbare Dienstleute bedeuten**, und wie sie **alles, was sich nach dieser Seite hin nur irgendwie bewährte, durch hohen Lohn und gute Behandlung** festhält (22), so weiß sie auch das zu engagieren, was ihr fehlt: die Hilfe der gescheiten und gewandten Corinna, die Englisch spricht, alles gelesen und sogar Mr. Booth als Hamlet gesehen hat und sich sicherlich in englischer Politik und Geschichte auskennt (9). Wie alle, bei denen es auf einem bestimmten Gebiet an etwas fehlt, diejenigen zu überschätzen geneigt sind, von denen sie glauben, diese besäßen das, was ihnen selbst mangelt, so setzt auch Jenny, sich eine Blöße gebend, bei Corinna gleich zu viel voraus.

4.6 Bildung als Dekoration

Natürlich ist sie weit davon entfernt, Mängel freimütig einzugestehen; nur verklausuliert gibt sie sie zu, dabei anderes betont vorschiebend, damit das Manko gering erscheine:

> [...] **wenn mir nicht der Himmel, dem ich dafür danke, das Herz für das Poetische gegeben hätte, was, wenn es mal in einem lebt, nicht wieder auszurotten ist, so hätte ich nichts gelernt und wüßte nichts. Aber, Gott sei Dank, ich habe mich an Gedichten herangebildet, und wenn man viele davon auswendig weiß, so weiß man doch manches.** (9)

Das, was sie **gelernt** hat, ist also lediglich auswendig gelernt, schränkt sich zudem ein aufs Gebiet des Poetischen, worunter Jenny offensichtlich nur Gedichte versteht. Mit Ausnahme der herweghschen Gedichte, für die sie während ihrer Einsegnungszeit geschwärmt hat und über die sie mit ihrem Tischnachbarn Vogelsang beinahe in Streit gerät (24 f.), scheint das, was im Roman diesbezüglich zitiert wird, auf eine weitere Einschränkung hinzudeuten: Jennys Geschmack bevorzugt deutlich nur zwei Gedichtarten, Liebeslyrik und Balladen, aus denen wohl ihre Sentimentalität einerseits, ihr Pathos andererseits ihre Nahrung ziehen, zumal dann, wenn jene Gebilde sich mit Musik verbinden:

Am reinsten aber hab' ich das Ideal im Liede, vor allem in dem Liede, das gesungen wird. Denn die Musik hebt es noch in die höhere Sphäre. Habe ich recht, lieber Krola? (26)

Das Gebiet, aus dem Jenny erklärtermaßen ihr Wissen bezieht, wird nicht wesentlich weiter durch die Kenntnis einiger Opern – etwa *Lohengrin und Tannhäuser*, auch Meyerbeers Name fällt (26) –, die, wie Professor Schmidt sicherlich richtig vermutet (13), von ihr favorisiert werden.

4.7 Die Schwierige und ihre Sprache

Kein Wunder, dass bei solchen Voraussetzungen – einer weit gehend verdrängten Vergangenheit, einem sentimentalen Schwelgen in dem, was als Residuum des Vergangenen noch übrig bleibt, einem Pochen auf die Poesie als Wissens- und Bildungsquelle, die zum schlechthin **Höheren** hinaufstilisiert wird – Jenny sich als eine Schwierige entpuppt: Indiz dafür, dass sie den plötzlichen sozialen Aufstieg durch ihre Heirat nicht ganz bewältigt hat. Besonders im ersten Kapitel präsentiert sie sich in der Rolle der Anspruchsvollen; hier braucht man nur ihre Sprechweise zu analysieren: mit penetranter Regelmäßigkeit lässt sie einer Verbindlichkeit deren Einschränkung, einem Lob dessen Abschwächung, einer Affirmation deren Verkleinerung folgen. Ihre Rede besteht aus einem ständigen *Ja – aber*, womit sie jede Vorgabe zurücknimmt oder wenigstens neutralisiert, ein Verfahren, das für einen empfindlichen Zuhörer leicht etwas Verletzendes hat, was Jenny, hielte man ihr das vor, in ihrer sich selbst zugeteilten Rolle als **mütterliche Freundin** (6) zutiefst gekränkt, entrüstet zurückweisen würde:

- die Hyazinthen sind schön, vertragen sich freilich nicht recht mit den Apfelsinen, *aber* das tut nichts, es sieht so gut aus [...]
- Corinna legt Sofakissen zurecht, *aber* – Verzeihung! – sie sitzt nicht gern auf dem Sofa [...]
- Corinnas Großvater war ein Mann, gerade wie ihr Vater, *aber* der alte Rechnungsrat war beinah noch verbindlicher [...]
- Sherry verträgt sie und auch Port, wenn er lange gelagert hat, *aber* Mosel und Selterswasser, das benimmt sie [...]
- zu ihrer Zeit war das Rotblonde noch nicht Mode, *aber* kastanienbraun galt schon [...]
- Schmidts Gedichte hat sie in einem Buch mit blauem Deckel gesammelt, jetzt *aber* hat sie es in grünen Maroquin binden lassen [...]
- sie haben es übernommen, Mr. Nelson einzuladen, offen gesagt nicht allzu gern, *aber* doch auch nicht gerade ungern [...]
- Corinna und alle haben es jetzt gut, *aber* zu ihrer Zeit war das anders [...]

- sie hätte gern den Papa mit eingeladen, *aber* sie bezweifelt, ob ein Mr. Nelson ihn interessiert [...]
- Marcell ist ein feiner Mann, an dem sie nichts weiter zu tadeln wüßte, als daß er Wedderkopp heißt [...]
- sie hat nur ihre beiden Söhne, die den Weg des Vaters gehen, *aber* wenn Gott sie mit einer Tochter gesegnet hätte [...]
- Ja, Leopold, den hat sie noch, *aber* Leopold ist ein Kind [...]

Das alles soll ihren Anspruch, gebildet zu sein und differenziert denken und urteilen zu können, wenigstens verbal abdecken; ähnlich verhält es sich mit ihrer Vorliebe für die kausale Konjunktion *weil*, die sie so oft anwendet, dass das sprachliche Indiz für logisches Denken gerade den Verdacht erweckt, der verbale Anspruch sei realiter durch nichts gedeckt; die Beispiele aus der (hier auszugsweise wiedergegebenen) Argumentation Jennys gegenüber Treibel finden sich auf dem engen Raum von nur zwei Druckseiten:

Du hast eben gelacht, Treibel, *weil* ich nach Gladstone fragte [...]
[...] aber ihr Männer dürft uns das nicht nachmachen wollen. Schon deshalb nicht, *weil* es euch nicht glückt [...]
[...] so wird sie's ihr gestern [...] wohl zum ersten Male verziehen haben, *weil* es ihr selber zugute kam [...]
Helene schmollt mit uns beiden, *weil* wir alle Anspielungen nicht verstehen wollen [...]
Helene schmollt mit uns, *weil* wir hinsichtlich Hildegards so sehr schwerhörig sind

Jennys Sprache aber entlarvt dort den Anspruch als hohl und auf nichts gegründet, wo **ein an langen Konstruktionen reicher gewählter Stil mit einer ganz unsorgfältigen beschränkten Wortwahl zusammenstößt**[37], wofür ein charakteristisches Beispiel genügen möge:

Aber ein unbedeutendes Ding, das nichts kennt, als mit Ponys nach Blankenese fahren, und sich einbildet, mit einem Goldfaden in der Plattstichnadel eine Wirtschaft führen oder wohl gar Kinder erziehen zu können, und ganz ernsthaft glaubt, daß wir hierzulande nicht einmal eine Seezunge von einem Steinbutt unterscheiden können, und immer von Lobster spricht, wo wir Hummer sagen, und Curry-Powder und Soja wie höhere Geheimnisse behandelt, – ein solcher eingebildeter Quack, lieber Willibald, das ist nichts für meinen Leopold. (112)

Die lange Tirade läuft auf den ernüchternden Berliner Ausdruck **Quack** zu, zwar bewusst gewählt um jemanden herabzusetzen, aber doch zu jäh aus der gewählten anspruchsvollen Sprachebene herausfallend; der kreisende Berg von Reihungen – vergleichsweise bescheiden und dürftig mit **und** erreicht – gebiert eine Maus. Aber nichts ist so charakteristisch für Jennys Sprachgebaren wie der unvermittelte Wechsel der Sprachebenen:

neben preziösen Formulierungen stehen sprachliche Bilder, die sie, oft aus theologischem Bereich genommen, gewissermaßen mit einem Heiligenschein versieht (**Und daß es so ist, das verdanke ich nächst Gott, der es in meine Seele pflanzte, deinem Vater. Der hat das Blümlein großgezogen [...]** [9]/ **[...] aber wenn mich Gott durch eine Tochter gesegnet hätte [...]** [11]/ **Alles große Glück ist ein Märchen [...] Wie wahr, wie schön! Und sehen Sie, Willibald, daß das beneidete Leben, das ich jetzt führe, meinem Ohr und meinem Herzen solche Worte versagt, daß lange Zeiten vergehen, ehe Aussprüche von solcher poetischer Tiefe zu mir sprechen, das ist für eine Natur, wie sie mir nun einmal geworden, ein ewig zehrender Schmerz** [109]), kommen Berolinismen und drastische Vergleiche zu stehen (**Quack** [112], **etwas Abgekartetes** [142], **Alles andere wiegt keinen Pfifferling** [112], **Ich weiß nicht, wo diese beiden Jungen diese Milchsuppenschaft herhaben** [77], **das verwöhnte Püppchen** [75], **[...] die Treibels wachsen nicht auf Bäumen und können nicht von jedem, der vorbeigeht, heruntergeschüttelt werden** [130]).

Jenny verrät sich schon durch ihre Sprache, **die all das in eine ›höhere Sphäre‹ eines verblasenen ›Ideals‹ verlegt, was ihrem ausgeprägten Sinn für das ›Ponderable, für alles, was ins Gewicht fällt und Zins trägt‹** (72), **hinderlich sein konnte**[38]. So entspricht denn dem jähen Wechsel der Sprachebenen ein augenblicklicher Wechsel in ihrem Verhalten, sobald ihre wirklichen Interessen berührt werden: **›Wer sagt das?‹ fuhr jetzt Jenny heraus, plötzlich aus dem sentimental Schwärmerischen in den Ton ausgesprochenster Wirklichkeit verfallend. ›Wer sagt das?‹** (110) und **Jenny war derart betroffen, daß ihre sentimentalen Anwandlungen auf der Stelle hinschwanden** (128).

Von diesen beiden Dreh- und Angelpunkten her wird der fundamentale Widerspruch deutlich, der sich auffächert in einen **verbalen Anspruch**, dem das **reale Sein**[39] widerstreitet. Die einander ausschließenden Positionen seien kurz durch die beiden folgenden Stellen charakterisiert: Jenny zu Schmidt (109):

> Und Sie sprechen dabei von Glück, Wilibald, sogar von großem Glück! Glauben Sie mir, mir, die ich dies alles durchlebt habe, diese so vielbegehrten Dinge sind wertlos für den, der sie hat. Oft, wenn ich nicht schlafen kann und mein Leben überdenke, wird es mir klar, daß das Glück, das anscheinend so viel für mich tat, mich nicht *die* Wege geführt hat, die für mich paßten, und daß ich in einfacheren Verhältnissen und als Gattin eines in der Welt der Ideen und vor allem auch des Idealen stehenden Mannes wahrscheinlich glücklicher geworden wäre. Sie wissen, wie gut Treibel ist und daß ich ein dankbares Gefühl für seine Güte habe. Trotzdem muß ich es leider aussprechen, es fehlt mir, meinem Manne gegenüber, jene hohe Freude der Unterordnung, die doch unser schönstes Glück ausmacht und so recht gleichbedeutend ist mit echter Liebe [...]

Leopold, auf dem Sprunge, das wahr zu machen, was seine Mutter aus purer Heuchelei als versäumte Gelegenheit bejammert, bekommt etwas ganz anderes zu hören (130 f.):

In meinem Hause existiert keine Verlobung und keine Corinna. Damit ist es vorbei. Das alte Lied vom Undank erfahr' ich nun an mir selbst und muß erkennen, daß man unklug daran tut, Personen zu verwöhnen und gesellschaftlich zu sich heraufzuziehen. Und mit dir steht es nicht besser. Auch du hättest mir diesen Gram ersparen können und diesen Skandal. Daß du verführt bist, entschuldigt dich nur halb. Und nun kennst du meinen Willen, und ich darf wohl sagen, auch deines Vaters Willen, denn soviel Torheiten er begeht, in *den* Fragen, wo die Ehre seines Hauses auf dem Spiele steht, ist Verlaß auf ihn. Und nun geh, [...] Und bei dem, was du vielleicht vorhast [...], Leopold, vergiß nicht, daß der Segen der Eltern den Kindern Häuser baut. Wenn ich dir raten kann, sei klug und bringe dich nicht um einer gefährlichen Person und einer flüchtigen Laune willen um die Fundamente, die das Leben tragen, und ohne die es kein rechtes Glück gibt.

4.8 Die Herzlose

Dass der elterliche Segen den Kindern **Häuser** baut, ist hier – auch wenn Jenny damit die Bibel zitiert (Jesus Sirach 3, 11) – wörtlich zu nehmen, und nur diese Wahrheit gilt, nur hier liegen die Fundamente des Glückes. Alles andere ist bloß **Metaphorik,** Getue, sooft Jenny auch vom **Elend der Äußerlichkeiten** redet und davon, dass Leopold eine **kluge Frau** haben soll, weil es überhaupt auf **Wissen und Klugheit** und selbstverständlich auf **das Höhere ankomme** (112). Und sie darf noch so oft ihre Hand aufs Herz legen, wo angeblich allein das **Glück** ruhe (112), so macht es ihre stupende Vergesslichkeit doch möglich, im nächsten Augenblick über Herzensansprüche hinwegzugehen, sogar über die des eigenen Herzens: Denn Jenny ruft nun jene Hildegard Munk herbei, die sie nicht leiden kann und durch die sie jetzt eine Verdoppelung der Schwiegertochterschaft hamburgischer Provenienz bewirkt, die sie vorher gefürchtet hat. Aber Jenny gehört eben **zu den Glücklichen, die sich nur weniges andauernd zu Herzen nehmen** (15): Sie, die stets vom Herzen redet und Schmidts Lied singt, in dem sich Herz zum Herzen find't, ist im Grunde herzlos.

Dafür verfolgt sie eine ›Strategie der Hand‹ und ist darin doch auch wieder eine Art Lebenskünstlerin, da sie

›nehmen‹ und ›Herz‹, ›Schlagsahne‹ und ›das Ideale‹ nicht als Widersprüche, sondern als Lebensganzes erfährt. [...] Sie verwirklicht die Pläne und Feldzüge, die den Weg zum materiellen und gesellschaftlichen Erfolg ebnen. Da sie völlig in ihrer Rolle aufgeht und das ganze Dasein als natürliche Erweiterung ihrer Wünsche sieht, erhebt sich für sie nie die Frage der inneren Freiheit oder

Unfreiheit. Die anderen richten sich mit dem Leben ein. Sie sieht die Welt als natürliche Spiegelung ihrer Wünsche und Pläne. Deshalb wirkt der objektiv gegebene Verlust ihrer Handlungsfreiheit erheiternd. Der Roman kann mit ihrem Lieblingslied ausklingen, welches dem Leben, in dem die Hand triumphiert, die Illusion der Liebe verleiht: ›Geben nehmen, nehmen [...]‹[39a]

5 Professor und Kommerzienrat

5.1 Der denkbar höchste Standpunkt

Mag übrigens alles schwanken und unsicher sein, eines steht fest: der Charakter meiner Freundin Jenny. (72) Kehrt man dieses Diktum Schmidts um und wendet es auf ihn selbst an, dann gibt es nichts, was mehr **schwankt** und **unsicher** ist als Schmidts Charakter.

So scheint es und im Schein erscheint ein Stück Wahrheit: Schmidt, neben Jenny zweifellos die wichtigste Figur in dieser **erzählten Komödie,** vertritt **den denkbar höchsten Standpunkt, den der Selbstironie.** (50) Und weil er daneben auch noch andere ironisiert, liegt es sicherlich an dieser ironischen Haltung allem und allen gegenüber, dass sein Wesen sich der eindeutigen Bestimmung zu entziehen scheint. Diese Schwierigkeiten werden gleich im ersten Kapitel im Gespräch Corinna–Jenny drastisch vorgeführt (7 ff.), in welchem recht unterschiedliche Bilder des Professors von den freilich subjektiv bestimmten und daher sehr verschiedenen Blickwinkeln der Partnerinnen her entworfen werden. Die Tochter malt ein Porträt mit ausgesprochen philiströsen Zügen in stumpfen Farben, dem die Kommerzienrätin eines in vollem Schmelz entgegenhält, dessen auf Hochglanz polierte Ausführung sie mit den Worten **Dein Papa ist ein Juwel** (10) anzudeuten versucht.

Hält man sich an die Figur selbst, an Schmidts Auftreten, an seine Reden, Gespräche und Reaktionen, dann wird das undeutliche Bild erst klarer, sobald man die Rolle durchschaut hat, die er, mehr durch die Umstände dazu gezwungen als freiwillig, besonders Jenny gegenüber augenzwinkernd spielt. Diese Rolle hält er kraft seiner Fähigkeit zur Ironie bravourös durch; aber dieses ›Unernste‹, Gespielte bildet nicht den Kern seiner Selbstironie, und so kann Schmidt denn auch nicht beim Ablegen seiner Maske die Seufzer der Erleichterung, des Aufatmens unterdrücken.

Nur in einem bestimmten und kleinen Kreise wird Schmidt er selbst, nur im Umgang mit bestimmten Personen tritt das Moment der Ernsthaftigkeit seiner Selbstironie zutage. Seine Gespräche mit Distelkamp (52 ff.), mit Marcell (66 ff. und 159 ff.) und Corinna (163 f.) liefern dafür den Beweis.

5.2 Von der Milde, der Pflicht und der Neigung

Nach den üblichen Präliminarien der Begrüßung, der Entschuldigung etc. steuert das Gespräch zwischen Schmidt und Distelkamp – der ebenfalls anwesende Etienne bleibt ganz im Hintergrund – sofort einen bestimmten Punkt an: den **Schwupper,** der Rindfleisch im Unterricht unterlaufen ist, die Verwechslung zweier gleichnamiger griechischer Dichter (52). Distelkamp versieht sein generöses **Solche Schnitzer kommen immer wieder vor, passieren jedem** (52) anschließend mit einem Beispiel für die Haltung, die man solch allgemeinmenschlichen Unzulänglichkeiten gegenüber einnehmen sollte. Die Milde, die in der Anekdote von General Barfus empfohlen und damit begründet wird, dass ein Tag nicht wie der andere und der Mensch nicht in jedem Augenblick der gleiche sei (53), nimmt Distelkamp auch für die Beurteilung seiner eigenen Schwächen – zwar nicht expressis verbis, jedoch indirekt – durch sein Eingeständnis in Anspruch, auf bestimmten Gebieten sei es mit seiner Wissenschaft nicht allzu weit her (52 f.), womit er eben eigene Schwächen bekennt. Schmidt stimmt der Lehre, die die Anekdote erteilt, nachdrücklich zu: [...] **das ist eine gute Geschichte** [...] (53)

Mit dieser Zustimmung haben sich die Gesprächspartner nicht nur auf der gleichen Ebene getroffen und sich der Gemeinsamkeit ihrer Ansichten versichert, sie haben damit auch einen Rahmen abgesteckt, innerhalb dessen die nun folgenden Erörterungen zu sehen sind.

Es gehört zu den ironischen Brechungen, die auf fast jeder Seite dieses Werkes vorgeführt werden, dass jener selbst gesteckte Rahmen sofort überschritten wird. Schmidt, der auf die häuslichen Verhältnisse des noch abwesenden Immanuel Schultze anspielt, handelt sich denn auch prompt von Distelkamp einen Verweis auf die stillschweigend verabredeten Schranken ein: [...] **du hast** [...] **Besserung versprochen** [...] (54) Immerhin hat die Nennung des abwesenden Kollegen dem Gespräch eine Wendung gegeben, die Distelkamp getreulich mitmacht. Schultze, der mit dem großen Königsberger Philosophen den Vornamen gemeinsam hat, bleibt nur auslösendes Moment für die folgende Erörterung des Problems der Autorität. Distelkamp, der wohl unwillkürlich der assoziativen Kraft jenes ominösen Vornamens erliegt, lässt seine Klage über den Autoritätsmangel seines Kollegen unversehens übergehen in eine Klage über das Hinschwinden des *kategorischen Imperativs,* ein beinahe boshaft-witziger Übergang, weil er damit gleichsam den kleinen Immanuel dem großen gegenüberstellt und jenen durch diesen vernichtet; wie der Ernst zeigt, mit dem er spricht, bemerkt er dies alles nicht und ist sich offensichtlich keineswegs bewusst, dass diesmal er verabredete Grenzen überschreitet.

Distelkamp zitiert nicht den Wortlaut des *kategorischen Imperativs* – **Handle so, daß die Maxime deines Willens jederzeit zugleich als Prinzip einer allgemeinen Gesetzgebung gelten könne**[40] –, er nennt ihn bloß beim Namen. Ob aber die Kenntnis des authentischen Wortlauts wirklich noch unterstellt werden darf, daran lässt die Art und Weise der nun folgenden Argumentation Distelkamps wahrlich zweifeln; sie nährt vielmehr den Verdacht, dass er jenen Namen nur schlagworthaft gebraucht und hier nicht viel anders als an anderen Stellen des Romans Kommerzienrat Treibel mit Zitaten verfährt.

Die Argumentation Distelkamps, die an eine kantsche Formulierung anknüpft, muss sich gefallen lassen an dieser auch gemessen zu werden. Seine Darlegungen muten an, als sei in ihnen lediglich ein Aspekt des im Übrigen vergessenen Wortlauts samt seines Kontextes noch in Erinnerung, der Aspekt des Formalen nämlich. Darin liegt tatsächlich eine gewisse Schwäche der kantschen Formulierung, die zwar angibt, wie zu handeln sei, aber offen lässt, durch welche konkreten Handlungsakte der formale Rahmen zu füllen wäre. Reflexe dieses bloß Formalen finden sich prompt in Distelkamps Auslassungen; sie gipfeln in seiner Behauptung, es sei **nicht nötig, daß das Richtige geglaubt wird, aber daß überhaupt geglaubt wird, darauf kommt es an** (55). Damit erklärt er jeden möglichen konkreten Inhalt, nach dem doch die kantsche Formel von sich aus verlangt, ausdrücklich für gleichgültig. Indem er die leere Form absolut setzt, stellt er seine eigene Denkart bloß: Sie bewegt sich in Formalismen, in abstrakten Allgemeinheiten. Diese Region, in der sich sein Denken tummelt, ist denn auch die Nacht, in der alle Kühe schwarz sind: Wahllos ordnet Distelkamp die verschiedensten Lebensbereiche nebeneinander, schaltet sie gleich: **Denn wie kein Heerwesen ohne Disziplin, so kein Schulwesen ohne Autorität. Es ist damit wie mit dem Glauben** (55). Die höchste Instanz ist aber nicht wie bei Kant das objektive allgemeine Sittengesetz, sondern das, was Distelkamp den **gute[n], ehrliche[n] Glauben an uns selbst** nennt (55), und da er im gleichen Atemzug Kritik und Selbstkritik als eine Zersetzung dieses Glaubens ausdrücklich verurteilt, entpuppt sich dieser als plumpe Selbstgefälligkeit: Der leere Formalismus, der bar jeder subjektiven Verbindlichkeit zu sein scheint, schlägt gerade in einen blinden Subjektivismus um, in egozentrische Eitelkeit. Von hier aus fällt denn auch ein bezeichnendes Licht auf das Bild, das Distelkamp aus seiner Erinnerung hervorholt um mit ihm die guten alten Zeiten zu loben:

Wenn ich da an den alten Weber denke! Von dem heißt es, wenn er in die Klasse trat, so hörte man den Sand durch das Stundenglas fallen, und kein Primaner wußte mehr, daß es überhaupt möglich sei, zu flüstern oder gar vorzusagen. Und außer dem eigenen Sprechen [...] war nichts hörbar als das Knistern, wenn die Horaz-Seiten umgeblättert wurden. (54)

Hier also der dozierende Lehrer in Front derer, die bloß stumm rezipieren, ein Bild, in welchem unschwer (um bei Distelkamps eigenen Beispielen zu bleiben) die Situation des Offiziers vor der Kompanie oder des Predigers vor der Gemeinde wiederzuerkennen ist, eine sprechende Situation, die verrät, wem allein **Charakter** (55) im Sinne eines **Glaubens an uns selbst** und damit **Autorität** zugesprochen wird: nur bestimmten Vertretern bestimmter Berufsstände, denjenigen also, die sich kraft besonderer Herkunft oder besonderer Bildung eines gehobenen sozialen Status erfreuen.

Die Forderungen des *kategorischen Imperativs* sind bei Kant *allen* endlichen Wesen gestellt, die Vernunft und Wissen haben. Bei Distelkamp gelten sie nur noch für die vielen anderen, für die große Menge, nicht mehr für die kleine Schicht der Herausgehobenen, die diese Forderungen durch den Glauben an sich selbst ersetzt und sich damit gleichsam jenen **heiligen Willen** zugesprochen hat – **d. i. einen solchen, der keiner der moralischen Gesetze widerstreitenden Maxime fähig wäre** –, den Kant allein dem unendlichen Wesen als der obersten Intelligenz vorbehält.[41] So scheidet Distelkamp alle ›endlichen Wesen‹ säuberlich in zwei ungleiche Gruppen: in die kleine Schar der Befehlenden und in die große Masse der Gehorchenden; denn die kantschen Gedankengänge von der Verbindlichkeit des Sittengesetzes sind hier auf die Ebene von Befehl und Gehorsam heruntergebracht.

Aus diesem Zusammenhang heraus stellt sich denn doch die Frage, ob die Milde, die Distelkamp mit der Barfusanekdote bemüht, wirklich für alle gelte oder ob sie nur der **Autorität** zukomme, die sich – eben als Autorität – einen **Schwupper** leisten kann ohne sich viel dabei zu vergeben, während jede Nachlässigkeit bei den anderen als ein **Hinschwinden des ›kategorischen Imperativs‹** verurteilt wird. Jedenfalls fehlt in Distelkamps apodiktischen Urteilen, mit denen er die eigene Zeit gegen alles Neue und Gegenwärtige ausspielt – **Ja, Schmidt, *das* waren Zeiten, da verlohnte sich's, ein Lehrer und ein Direktor zu sein** (54) –, jede Milde. Sein **Besser als heute** (54), mit dem er die gute alte Zeit apostrophiert, als sei sie ein goldenes Zeitalter gewesen, ist von einer Härte, die den Inhalt seiner Behauptung Lügen straft.

Schmidt setzt der Argumentation seines älteren Kollegen zunächst seinen Spott entgegen, der sich zuweilen zu satirischer Schärfe steigert. Er knüpft an die in der Aula hängenden Bildnisse solcher Autoritätspersonen an und entwickelt übermütig aus dem Widerspruch zwischen dem würdigen Doppelkinn und der geröteten Pontacnase, der für ihn mit dem Widerspruch zwischen Schein und Sein identisch ist, seine Gegenansicht (54). Selbstbewusstsein und **steifleinene Grandezza** vergangener Tage erscheinen ihm wie Seifenblasen, wie Hohlformen, denen es an Inhalt fehlt. Er zeigt das **Aufgeblasene** solcher Pseudoinhalte anhand der Dissertationen und **Aktusse**, wie sie vormals im Schwange gewesen (54 f.), Bemühungen, die sich zwar der Form nach wissenschaftlich gaben, aber inhaltlich jeder realen Grundlage entbehrten und sich nur im Bereiche windiger Spekulationen bewegten. Die hortikulturlichen Untersuchungen über das Paradies, über den Garten Gethsemane und über den des Joseph von Arimathia waren in ihrem bloßen Vermutungscharakter weder wissenschaftlich noch pädagogisch sinnvoll, ohne jede Beziehung zu geschichtlichen oder aktuellen gesellschaftlichen Verhältnissen, überdies nur **Mode** (55), die sich aus dem partikular-zufälligen Einzelinteresse einer **Autorität** ergab, **vielleicht weil er** [Rodegast] **persönlich einen Garten vorm Rosenthaler hatte** (55).

Erst auf Distelkamps Protest hin verzichtet Schmidt auf ein weiteres Ausmalen seiner spöttischen Kritik am Vergangenen; er versucht, diesmal mit nachdrücklichem Ernst, ein Gegenbild zu zeichnen, das sich an der Gegenwart orientiert. Dabei vermeidet er bezeichnenderweise den Begriff *Autorität* und spricht stattdessen von **Ansehen,** auf das es freilich auch jetzt noch ankomme: **Wir gehen nur darin auseinander, aus welcher Wurzel das Ansehen kommen soll** (56). Mit einem negativen und einem positiven Beispiel aus dem Kreise seiner Kollegen stellt er der **Wichtigtuerei** und **Pompositát** des **Glaubens an uns selbst** (56) als einer leeren Form die inhaltlich gefüllte gegenüber, die Autorität, die aus der **reelle[n] Macht des wirklichen Wissens und Könnens** herfließt (56). Dem Glauben an sich selbst setzt er den Glauben an eine Sache und der subjektiven Selbstgefälligkeit das Streben nach Objektivität entgegen. Das Verhältnis zu den Jüngeren erschöpfe sich dann nicht mehr in der Befehl-Gehorsam-Relation, sondern beruhe auf einem freien Anerkennen, zumal die Berliner Jungen **gleich weghaben, wie schwer einer wiegt** (56) – womit, nebenbei gesagt, Schmidt sein Vertrauen auch in jugendliche Intelligenz bekundet.

Mit Distelkamps Beschwörung der **Traditionen der alten Schule,** mit denen die höhere Wissenschaft stehe und falle (56), wird der Teil eingeleitet, der als Höhepunkt des ganzen Gesprächs angesehen werden muss. Die Gegenargumentation Schmidts, für den die Zeit der alten Formen vorbei ist und der neue Formen auch der Wissenschaft am Horizont heraufkommen sieht (56), gipfelt in der Nennung des Namens Heinrich Schliemann (57). Für Leser aus Fontanes eigener Zeit war dieser Name zweifellos ein Begriff, der ohne weiteres alle die Assoziationen auslöste, auf die es Fontane bei der Nennung des bloßen Namens angekommen sein muss, sonst hätte er Schmidts Darlegungen über diesen Punkt nicht gar so lakonisch halten dürfen; immerhin: so kurz sie sind, undeutlich sind sie keinesfalls und Schmidt vermag auch alle Aspekte ins Spiel zu bringen, die dem Beispiel innewohnen.

Heinrich Schliemann (1822–1890) war als Wissenschaftler (Archäologe) Autodidakt; im Zusammenhang unseres Romans bildet diese Tatsache den denkbar schärfsten Kontrast zu dem von Schmidt verspotteten hortikulturlichen **Spezialissimus** Rodegast, dem zünftigen, aber innerlich eingeengten **Fachmann.** Schliemann begann seinen Lebensweg als kaufmännischer Lehrling – hat **Tüten geklebt** (57) –, konnte als selbstständiger Kaufmann ein Vermögen erwerben – hat **Rosinen verkauft** (57) –, unternahm dann Weltreisen und machte sich durch seine Ausgrabungen einen Namen auch in der Wissenschaft. Darin ist er Gegenbeispiel zu Jenny Treibel, die ja auch einst im Materialwarenladen ihres Vaters geholfen und Tüten geklebt hat (6), Gegenbeispiel, weil bei ihm *Besitz* nur die Voraussetzungen schaffte für das, was er dann im Sektor *Bildung* geleistet hat, während bei ihr *Bildung* nur dazu dient, den *Besitz* zu dekorieren. Für Professor Schmidt ist Heinrich Schliemann wahre **Autorität,** die nicht auf einem Glauben an sich selbst beruht, sondern auf einem durch genaue Lektüre der antiken Schriftsteller geweckten Glauben an historische Tatsachen; die Erfolge Schliemanns gründen in einem Willen, der – wie Hegel gesagt hätte – durch **exakte Phantasie** bestimmt ist und mehr von einer verpflichtenden Neigung als von einem absoluten Pflichtgefühl gespeist und geleitet wird. In unserem Zusammenhang darf es gleichgültig bleiben, ob Schliemann Troja gefunden hat oder nicht; die Ergebnisse seiner Bemühungen, die Funde, stehen jedenfalls in Berliner und Athener Museen, sind Realitäten, und die Zeit, aus der sie stammen, hat Schliemann dem Bereich des Mythischen entrissen und dem der Historie zugeführt. Was sind dagegen die realitätsfernen Vermutungen, zu denen der Hortikulturfachlehrer seine Schüler zwingt? Die Kombination Kaufmann–Wissenschaftler, die sich in Schliemann verkörpert, dient Schmidt als Beispiel für den neuen Typ der Autorität, dessen Blick nicht eingeengt ist durch Standesinteressen, sondern über Standesgrenzen hinweggeht auf größere Zusammenhänge, auf etwas, das man ganz im Gegensatz zum gleichnamigen, aber sentimentalisierten und im Grunde hohlen Begriff, den Jenny Treibel ständig im Munde führt, das *wirklich* **Höhere** nennen könnte.

5.3 Immer aufs Rechte, und immer aufs Ganze!

Der Geist, der aus der Barfusanekdote spricht und zu dem sich Schmidt ausdrücklich bekennt (53), ist in den Gesprächen des Professors mit Marcell (159 ff.) und mit Corinna (163 f.) wieder präsent: Die in jener

Anekdote formulierte Einsicht, dass angesichts menschlicher Schwächen Milde zu empfehlen sei, tritt in den Höhepunkten dieser Gespräche wiederum klar hervor und erweist sich somit als wichtiges Leitmotiv in diesem Roman. Darüber hinaus stellt dieser Wille zur Nachsicht eine notwendige Ergänzung zum **denkbar höchsten Standpunkt, dem der Selbstironie** (50), dar, weil sogar dieser, da allein aufs eigene Ego bezogen, sonst Gefahr liefe genauso wie unkritische Selbstsicherheit einer bedenklichen Eitelkeit zu verfallen. Erst wenn die Strenge der aus kritischer Distanz zu sich selbst gewonnenen Erkenntnis dialektisch umschlägt in Milde, die sich auf andere bezieht, erst wenn kritisches Sich-selbst-in-frage-Stellen und kritische Bejahung anderer als komplementäre und einander ebenbürtige Bereiche zusammen ein Ganzes bilden, dann entgeht derjenige, der den denkbar höchsten Standpunkt einnimmt, jener Gefahr, und er braucht keine Angst zu haben zu den **Feierlichen** zu gehören, von denen sich Marcell (und mit ihm FONTANE selbst) ausdrücklich distanziert (161).[42]

Marcell, vor die Frage gestellt, wie er sich zur **kurzen Abirrung Corinnas** (160) verhalten wolle und ob er ihr **die Torheit** (161) verzeihen könne, nimmt ganz im Geiste jener Barfusanekdote sich aus der **Geschichte, [...] da sie nun einmal gespielt hat, das Gute heraus** (161) und macht es zur Grundlage seines Verzeihungsaktes. Dabei findet er Worte, die denjenigen des Generals Barfus entsprechen: **›Mancher‹, fuhr Marcell fort, ›würde sich anders dazu stellen, das ist mir völlig klar; die Menschen sind eben verschieden, das sieht man alle Tage‹** (161). Wie einst Distelkamp mit besagter Anekdote, so legt nun Marcell anhand der **kleinen, reizenden Geschichte von Heyse** (161)[43] seinen Willen dar, Nachsicht zu üben und dort das *Gute* herauszulesen, wo es wirklich die Substanz bildet, vor der alles andere zur Nebensächlichkeit hinabsinkt. Die freudige Zustimmung Schmidts zu dieser Haltung gipfelt in jenem emphatischen Begriff des **Ganzen**, dessen Sinngehalt oben angedeutet wurde: **[...] keine Kleinlichkeit, keine Eitelkeit, immer aufs Rechte, und immer aufs Ganze** (162), womit der Gegensatz zur Gesinnung Jennys am bündigsten formuliert sein dürfte.

Mit dem Hinweis auf ein jüdisches Gesetz oder einen jüdischen Spruch, **wonach es als ganz besonders strafwürdig gilt, einen Mitmenschen zu beschämen**, bekräftigt Marcell seine Absicht Corinna zu verzeihen, und indem er findet, das sei **ein kolossal feines Gesetz und beinah schon christlich** (162), beweist er seinen Sinn für Kontinuität und für die darin sich abspielende Dialektik, denn er entdeckt gerade am Alten Spuren des Neuen und gelangt so über ein bloß unvermitteltes Gegenüberstellen von Altem und Neuem hinaus. In diesem Punkte lernt der Alte vom Jungen, erzieht der Jüngere den Älteren: Schmidt, der im Gespräch mit Distelkamp noch das Neue dem Alten schroff entgegengehalten hat, macht Marcells Einsicht zu seiner eigenen, baut sie in seine Terminologie und Argumentation ein. [...] **das Klassische,** so sagt er nur wenig später zu Corinna, [...] **ist das, was die Seele frei macht, das Kleinliche nicht kennt und das Christliche vorahnt** [...] (163)

Die in Marcells Brief an Corinna überlieferten Worte Schmidts, dass **rechte Vernunft aus dem Herzen käme** (163), enthalten neben der Zurechtweisung Corinnas, die allzu sehr mit ihrem Köpfchen rechnet und berechnet, doch auch die Perspektive, aus der allein der Sinn dessen zu erkennen ist, was der Alte im Gespräch mit seiner Tochter in der dreigliedrigen Gleichung **Das Höhere = Das wirklich Ideale = Das Klassische** (163) zu fassen und zugleich vom falschen Anspruch Jennys abzugrenzen versucht. Die Kommerzienrätin führt zwar die genannten Begriffe stets im Munde, begreift aber nichts davon, weil sie eben nicht mit dem Herzen zu denken versteht, vielmehr nur **ein Herz für das Ponderable** hat, für alles Wägbare und Wiegbare und Materielle, **was ins Gewicht fällt: Gold ist Trumpf und weiter nichts** (72).

Das Höhere, Ideale, Klassische verbindet sich für Schmidts Bewusstsein mit dem **Rechten und Ganzen** (162), in dem das Kleinliche und Nebensächliche nichts gilt, **wenn es bloß nebensächlich ist, wenn nichts drinsteckt. Steckt aber was drin, dann ist es die Hauptsache, denn es gibt einem dann immer das eigentlich Menschliche** (62). Wegen dieses eigentlich Menschlichen, das derjenige, der mit dem Herzen denkt, stets im Auge zu behalten sucht, rücken das Höhere, das Ideale, das Klassische in die Nähe des Christlichen, denn sie lehren wie dieses **vergeben und vergessen** [...], **weil wir alle des Ruhmes mangeln** (163). Das aber heißt doch, dass der denkbar höchste Standpunkt, der der Selbstironie, auf der Erkenntnis der eigenen Unzulänglichkeiten und Schwachen beruht, die der Milde und der Nachsicht bedürfen. In diesem Sinne steckt in der Selbstironie die Stärke der Schwachen.

5.4 Von den Schwächen eines liebenswürdigen Charakters

Gleich bei der Einführung der Figur des Kommerzienrates wird die Komplexität, besser: die Widersprüchlichkeit in seinem Charakter vorgeführt. Treibel sitzt in seinem Zimmer, liest das ***Berliner Tageblatt*** samt der satirischen Wochenbeilage **Ulk** und weidet sich an dem darin enthaltenen Schlussbild und an den philosophischen Betrachtungen: **Sehr gut ... Ausgezeichnet ... Aber ich werde das Blatt doch beiseiteschieben oder mindestens das *Deutsche Tageblatt* darüber legen müssen** (15). Die Grunddissonanz seines Wesens wird von vornherein deutlich: Eine sympathisch berührende Unvoreingenommenheit wird zugedeckt von einem widerwärtigen Opportunismus, der einfach stärker ist als jener positive Zug und ihn zu einem bloßen Schein herabdrückt, wie denn seine Maxime **Je freier, je besser** (39) auch nur hinsichtlich der **der Erotik zugewendeten Wege** (38) und selbstverständlich bloß bei Abwesenheit der Damen gilt.

Treibels Grundwiderspruch fächert sich auf in viele kleine Züge: Er ist jovial (17), immer artig, besonders Frauen gegenüber (73), zeichnet sich durch große Höflichkeit und mehr noch durch Herzensgüte aus (97), ist meistens gut gelaunt (91) und als Frühaufsteher immer von vornherein **gestiefelt und gespornt,** immer in saubersten Toilette (72). Wie Professor Schmidt, zu dem der Erzähler ihn einmal ausdrücklich in Parallele setzt (91), nimmt er sich selber nicht allzu ernst, wenn er auch nicht ganz frei von Eitelkeit ist (92) und zuweilen nur auf das achtet, was ihm persönlich gefällt (92). Der Schatten aber, der auf dieses Bild des tugendhaften Bürgers fällt und den er selber wahrnimmt, kommt für ihn aus der **Not** her, nicht aus dem eigenen Triebe, mit welcher Sentenz er, der alles Redensartliche bevorzugt, allen Ernstes glaubt, keine Redensart gebraucht zu haben (27). Sein Blick, der sonst erstaunlich offen ist für Realitäten, bleibt blind, sobald es sich um seinen eigenen gesellschaftlichen Status handelt. Der Titel Kommerzienrat ist für ihn fragmentarisch, der Ergänzung bedürftig (28), und der Orden, den er trägt, einfach zu wenig (16). Auf Vervollständigung in dieser Hinsicht ist sein Trachten abgestellt: Der Titel eines Kommerzialrates, besser noch der eines Generalkonsuls (21), bildet den Gegenstand seiner Wünsche und seines Strebens.

Der Weg, den ihn dieses Bestreben nach Statusabsicherung und Prestigegewinn gehen heißt, ist der des politischen Wirkens, womit Treibel sich als Vertreter jener Schicht von Honoratioren ausweist, die – damals meist liberal gesinnt – **Besitz und Bildung mit politischer Tätigkeit vereinte.**[44] Er aber, der aus der Regulade-tri nicht herauskommt, hat sich seinen Weg **berechnet** (27/28) und herausgefunden, dass nicht etwa fortschrittliche Gesinnung, sondern Konservativismus – er will nicht sagen: mehr abwirft, **das wäre freilich falsch** (28) – besser zu ihm **paßt,** ihn besser **kleidet**. Seine Sprache verrät, dass dieser Standpunkt nur an der Oberfläche haftet und wie ein Kleidungsstück, das man beliebig an- und auszieht, gebraucht wird. Sein politisches Programm, das durch die Verwechslung rationaler Einsichten in objektive Zusammenhänge mit kaufmännischer Gewinn- und Verlustrechnung zustande gekommen ist, lässt neben den Momenten des Oberflächlichen die eines krassen Dilettantismus hervortreten; denn es berührt sich nicht einmal mit den allgemeinen Interessen seines Standes, worauf er immerhin von der Baronin Ziegenhals hingewiesen wird (27). Statt als Fabrikbesitzer realistisch zu denken und sich denen anzuschließen, die sich ihre Verfügungsgewalt über Produktionsmittel durch politisches Wirken absichern wollen und dabei ganz im Sinne bürgerlich-individualistischer und liberal-ökonomischer Vorstellungen handeln, entdeckt er an den Produkten, die in seiner Fabrik hergestellt werden, ein ideologisches Moment, das **symbolisch Preußische** im Berliner Blau (28), und diese Lächerlichkeit bewegt ihn sein politisches Wirken danach einzurichten: Es erschöpft sich darin, der **Obersphäre**, wie er sich auszudrücken beliebt (39), den **allerhöchsten Kreisen**, wie man damals wohl allgemein den königlich-kaiserlichen Hof umschrieb, angenehm aufzufallen und dadurch schneller zu seinem Titel zu kommen.

Das ›Programm‹, unverbindlich und im Grunde unpolitisch, ist nichts weiter als ein Ausfluss egoistischen Statusdenkens. Aber gerade weil es der Grundsätze entbehrt, die sich auf bestimmte politische Überzeugungen stützen, ist der Kommerzienrat auf Vogelsang angewiesen, den **Politiker** (27), kann ihn nicht mehr entbehren (15), ist auf ihn eingeschworen (96), auf **den dummen Kerl und Prinzipienreiter** (96), der den **Glauben an sich** hat[45] und ein Fanatiker ist (16) und dessen Methode darin besteht, die drei Lieder, die er auf seiner Walze hat, eins nach dem anderen herunterzudrehen, **und wenn er damit fertig ist, fängt er wieder an** (16). So gesellt sich zu dem ambitionierten Unpolitischen politische Borniertheit, zu dem Dilettanten der Dilettant.

Treibels Absichten werden ironisch ad absurdum geführt: Er muss erkennen, dass diejenigen, denen er sich mit seinem Konservativismus anbiedern wollte, nun auch wieder nicht so konservativ sind, wie seine Ahnungslosigkeit ihm das eingeredet hat. Er muss schließlich bedauern so früh **abgeschwenkt** zu sein: **Wenn ich gewartet hätte, könnt' ich jetzt, in viel besserer Gesellschaft, auf seiten der Regierung stehen** (96). Er ist nicht viel klüger geworden: Für ihn resultiert das Fiasko lediglich aus Übereilung; damit wird endgültig klar, wie wenig er innerer Not gehorcht: Er hängt vielmehr sein Mäntelchen nach dem Wind und ist bestürzt, wenn er bemerkt, dessen Richtung falsch berechnet zu haben. Die Lösung seines Verhältnisses zu dem Agent provocateur Vogelsang zeigt, dass er die Schuld nicht bei sich selber sucht, sondern den Partner verdächtigt: **Vielleicht ist es auch bloß Geschäft; wenn ich mir zusammenrechne, was ich in diesen acht Tagen** [...] (95) Dem Rechner, der selber Politik als Geschäft betreiben wollte, gefällt die Endrechnung nicht.

5.5 Treibels ›Sprechanismus‹

Das Interesse aber, das im Bereich des Öffentlichen nicht befriedigt wird, wendet sich deshalb der privaten Sphäre mit einer Intensität zu, die es sonst nicht aufgebracht hätte, und Treibels Augen, so blind sie für öffentliche Gegebenheiten sind, bewahren sich den kritischen Blick, sobald sie sich auf das eigene Haus und die Familie, schließlich auch auf den Privatmann Treibel selbst richten, der alledem vorsteht.

So ist Treibel **sehr der Mann der Betrachtung aller Dinge von zwei Seiten her**, die ihn instand setzt Dinge und Menschen **auch mal von der Kehrseite her anzusehen** (135), auch sich selbst. Zu dieser Haltung des Sowohl-als-auch gehört Selbstironie, kritische Distanz zu sich selber, selbstverständlich dazu.[46] Aber diese kritische Selbsterkenntnis hat Grenzen; sie geht nicht so weit wie die Professor Schmidts, sonst wäre die oben genannte Blindheit Treibels in gewissen Angelegenheiten nicht möglich. Diese Grenzen werden dort gezogen, wo bei ihm der Bourgeois, der **ihm wie seiner sentimentalen Frau tief im Geblüt steckt** (136), zum Vorschein kommt.

Diese Gebrochenheit, wenn nicht Widersprüchlichkeit, spiegelt sich getreulich in Treibels Sprachgebaren, das sich sowohl durch Plastizität als auch Farbigkeit auszeichnet. Es ist wahr (und die Selbsterkenntnis ehrt ihn): In einem Trappistenkloster ist Treibel nicht geboren (15). Seine Eloquenz ist beachtlich und hält seinem Sprechbedürfnis die Waage; sie ist nicht ohne Eleganz, auch nicht ohne Reflexion, manchmal freilich von einer Glätte, die beängstigt, weil keine Widerstände mehr zu spüren sind, an denen sich sein Redefluss staut, bricht und abarbeitet. Der Toast, den er beim Diner ausbringt (33), ist dafür ein instruktives Beispiel. Er ist eine schillernde Seifenblase, ein wahres Nichts, aber ein **gekonntes,** das der Konvention genügt, ihr aber auch nicht mehr gibt, als sie verdient. Die launige Einleitung mit ihren Anspielungen auf die Speisefolge sichert von vornherein die wünschenswerte Leichtigkeit, verspricht zugleich Kürze, die dem wohl vorbereiteten Ganzen den Anschein geistreicher Improvisation verleihen soll, findet auch mit fast artistischer Gewandtheit und Gelenkigkeit einen Weg, aus dem Gros der zunächst Angeredeten durch verbindlich wirkende und jeweils durch leichte Verbeugungen unterstützte Hinweise teils auf **Beruf und Lebensstellung**, teils auf den **weltberühmten Namen** bestimmte Vorzugsgäste herauszuheben und sie im gleichen Atemzug mit der zusammenfassenden Formel **our army and navy,** die sich auch noch reimt, zu apostrophieren. Von der mit rhetorischer Finesse gestalteten Anrede **Meine Herren und Damen, Ladies and Gentlemen** bis zum abschließenden

Parallelismus **Es lebe Leutnant Vogelsang, es lebe Mr. Nelson** ist das glänzend durchgestaltet, was auf den Sprecher zurückverweist, der sich in der Gastgeberrolle offensichtlich wohl fühlt und sich darin mit Sicherheit bewegt, wie er denn auch bei anderen Gelegenheiten gerne die **Honneurs** macht (117).[47]

Aus Ingredienzen verschiedenster Art und Herkunft setzt sich Treibels Rede zusammen; sie sollen ihr **Würze** und damit Originalität verleihen, und dies besonders bei gesellschaftlichen Anlässen. Zuweilen tun sie das auch; aber die Unbekümmertheit, mit der sie ausgewählt werden, verhindert gerade eine ununterbrochene Wirkung: Allzu sehr gehäuft neutralisieren sie sich gegenseitig und lassen die Redekünste, die das Gebildetsein des Sprechers dokumentieren sollen, denn doch in einem etwas merkwürdigen Licht erscheinen.

Vor allem hat Treibel seinen Schiller parat – (ob er ihn gelesen oder gar auf dem Theater gesehen hat, bleibe dahingestellt; Schillerzitate gehörten in der damaligen Zeit zweifellos ganz allgemein zum **Sprach- und Bilderschatz deutscher Nation** [132]) –: Er spielt auf Lady Milford an (37), gehorcht mehr der Not als dem eigenen Triebe (27), sieht in seinem Diener Friedrich **unter Larven die einzig fühlende Brust** (92), kennt seine Pappenheimer (94), erkennt Tells Geschoss (96), weiß, was man vom Dank des Hauses Österreich zu halten hat (106). Goethe (**Meine Ruh ist hin** [...] [39]) und Heine (**Nach Frankreich zogen zwei Grenadier** [...] [107]) bleiben hinter Schiller zurück, müssen sogar Bibelzitaten ([...] **wie der Hirsch nach Wasser schreit** [20] / [...] **das sei ferne von mir** /[105] / **Der Gerechte muß viel leiden** [106]) den Vortritt lassen. Es braucht nicht betont zu werden, dass Treibel nicht immer den Wortlaut in der authentischen Version zitiert, sondern ihn beliebig der jeweiligen Situation anpasst; schlagendes Beispiel für die dadurch entstehende Verzerrung dürfte sein Ausspruch sein **Genieße fröhlich, was du hast** (102), der doch wohl auf die Gellertverse **Genieße, was dir Gott beschieden, / Entbehre gern, was du nicht hast** zurückgeht.

Im Gegensatz zu seiner Schwiegertochter, die ihr Gebildetsein auf hamburgische Art durchs Einstreuen englischer Ausdrücke dokumentiert, würzt Treibel seine Sprache vornehmlich mit französischen Brocken, gängigen Fremdwörtern meist lateinischer Herkunft, zuweilen sogar mit einer lateinischen Sentenz: Da findet man **L'appétit vient en mangeant** (28), **tic douloureux** (100), **furchtbares Manquement** (107), **prädominierendes Gefühl** (100), **formidable Tischreihen** (101), **ex ungue Leonem** (40), **gutta cavat lapidem** (16), **formidables Festungsviereck** (37) und **kapitales Weib** (37) – mit den letztgenannten Ausdrücken passt er sich mühelos dem Offiziersjargon Vogelsangs an.

Neben den literarischen Reminiszenzen stehen die historischen. So schlägt Treibel im Gespräch mit Fräulein Honig über die Erziehung seiner Enkelin Lizzi in einem Atemzuge einen kühnen Bogen von der Genoveva über die keusche Susanne und den Landgrafen von Thüringen bis zur Hl. Elisabeth (98), oder er bezeichnet übertreibend die Wirtshausveranda als Altan und Söller und – ganz auf der historischen Linie bleibend – die inneren Gasthausgemächer als Kemenaten (102); die Situation seines Sohnes Otto in dessen Ehe mit Helene vergleicht er mit dem wartenden Kaiser im Schlosshof zu Canossa (108), Ottos eheliche **Niederlagen** werden ihm zu einem **inneren Düppel der Ehe** (108). In allem liegt ein Moment geplanter und bewusst angestrebter Übersteigerung, die mehr die anderen zum Lachen als die eigene übermütige Laune des Sprechers zum Ausdruck bringen soll, so etwa, wenn Treibel **alles, was aus einem Polizeimunde kommt,** zunächst als **Stoff** bezeichnet, dann aber den etwas lahmen Ausdruck sofort korrigierend steigert zu **Brise, Scirocco und Samum: ›Sagen wir Samum‹** (39).

Diesem mutwilligen Ausbrechen nach ›oben‹ gesellt sich – nach Treibels eigener Einsicht, dass auch das Beste eine Kehrseite hat (107) – ein Ausbrechen nach ›unten‹ hin auf derbe Wendungen und Berolinismen wie etwa **Klimperkasten** (134), **Lieder ›runtersingen‹** (134), **reif für Dalldorf** (die Heilanstalt) (16), **[...] um es berlinerisch zu sagen, ihren uns aufgepuckelten Ehrengast** [...] (74). Der Wechsel zwischen Übersteigertem und Vulgärem ist kennzeichnend, auch wenn Treibel dieses Wechseln der Ebenen kaschiert durch Einbeziehen des **Redensartlichen,** das durch seine häufige Verwendung gewissermaßen auf eine mittlere Ebene zu liegen kommt und die extremen Sphären verbindet. Hierher gehören Sprüche wie **Der Gebrannte scheut das Feuer** (96), **Der eine hat den Beutel, der andere das Geld** (105), **Man muß, wie Bismarck, immer ein Dutzend Eisen im Feuer haben** (20), **Du siehst ja aus, als wäre dir die Gerste verhagelt** (132).

Der Erzähler weist denn auch recht früh (26) auf **Büchmann oder andere geflügelte Worte** als die Quelle hin, die für den Kommerzienrat offensichtlich nie versiegt, und Krolas Einwand **Ach, das sind Redensarten, Treibel** [...] (107) trifft sicherlich etwas Spezifisches, nämlich das Dekorative an der Redensweise seines Freundes, die prunkvolle Kostümierung à la Makart, bei der ein erotisch-bedenklicher Einschlag (vgl. 26/38) nicht fehlt. Aber darin erschöpft sich Treibels Sprache nicht, zumal jenes Ausgeschmückte auch nur erscheint, wenn er als Sprecher eine bestimmte Rolle verkörpert, hier die des Gastgebers. Als Ehemann, der allein mit seiner Frau verhandelt, spricht er anders, neigt er zu Derbheiten oder – falls die Kommerzienrätin bei guter Laune zu halten ist – auch sprachlich zu besonderer Rücksichtnahme. Wie im Politischen, so ist er auch in seinem Sprachgebaren ganz ein Mann des ›Je-nachdem‹, und wenn es ihm auch nicht bis ins letzte Wort hinein nachzuweisen sein dürfte, so bleibt doch der Eindruck, dass die aufspaltende Unterscheidung von *öffentlich* und *privat* ebenfalls für Treibels Sprachgebrauch gilt, zumal in diesem Zusammenhang seine Sprachbewusstheit zu bedenken ist, die sicherlich darauf achtet, in jeder Situation die jeweils richtigen Sprachmittel einzusetzen. Es nimmt nicht wunder, dass Treibel die **Beredsamkeitsprobe neulich bei Buggenhagen** (15) bestanden hat.

Für seine Sprachbewusstheit liefern einige Textstellen den Beweis: So meditiert er über Vogelsangs **Sprechanismus,** um den er ihn beneiden könnte, obwohl er **doch auch nicht in einem Trappistenkloster geboren und großgezogen ist** (15); er weiß also um seine Redefreudigkeit. Mehrmals verbalisiert er seine Bewusstheit, entweder durchs Hervorheben der Absicht ([...] **ich wähle diesen Schafott-Ausdruck absichtlich** [...] [97] / **Ich sage wohlüberlegt ›Aufbruch‹, nicht Rückfahrt** [...] [105]) oder durch Selbstverbesserung (**Du siehst ja aus wie das Leiden** [...] **nein, keine Blasphemie** [...] [132]), teils durch das Ankündigen einer bestimmten Sprachschicht ([...] **um es berlinerisch zu sagen** [...] [74]), teils durch Kritik an der Sprachmetaphorik anderer (**Ich würde gerade diese bildersprachliche Wendung doch zu vermeiden suchen** [74]).

5.6 Stil der Stillosigkeit

Treibel, der, wie der Erzähler ausdrücklich bestätigt, **ein guter und auch ganz kluger Kerl ist** (134), jedenfalls klug genug, um über Sprachliches reflektieren zu können, redet nicht etwa Unsinn. Im Gegenteil: Er ist der Einzige, der in einer flammenden Philippika der Kommerzienrätin die Wahrheit zu sagen wagt (134 f.). Diese Rede lässt er in der Mahnung ausklingen: [...] **keine Übertreibung** (135), ohne sich dessen bewusst zu werden, dass diese Mahnung eigentlich auch für das ›**Wie**‹ seiner Sprechweise, wenn auch nicht für das ›**Was**‹ gelten müsste. Sein Stil, der, im Großen und Ganzen genommen alle Sprachebenen einbezieht und mühelos über die ganze Skala vom derben Berliner Ausdruck bis hinauf zur geistreichen Formulierung verfügt, ist im Grunde der einer grandiosen Stillosigkeit, aber dies nicht etwa im Sinne eines persönlichen, eines individuellen **Manquements** (um mit Treibel zu reden), vielmehr im Sinne der allgemeinen Stillosigkeit der Achtzigerjahre des vorigen Jahrhunderts, wie sie sich in der damaligen Architektur, in den damaligen Wohnungsausstattungen etc. äußert, und wie sie Treibel selber kritisch streift, wenn er von der **Majolikaschüssel mit einer Venus und einem Cupido drauf** spricht und die **Pinselei** für **lächerlich** erklärt (134).

6 Corinna

6.1 ›Ihres Vaters Tochter‹

Alle Welt ist sich darin einig, dass Corinna **ihres Vaters Tochter** sei. Zuerst sagt es Jenny (9), des Kummers eingedenk, dass die eigenen Söhne so wenig Familienähnlichkeit aufweisen (77/127). Auch Vetter Marcell meint es, wenn auch nicht aus Jennys Beweggründen (47); er, der mit seiner Cousine **von seinem fünften Jahr an immer zusammen gespielt [...] hat, [...] immer gemeinschaftlich und immer glückselig** (68), aber gerade wegen dieser Vertrautheit bei ihr auf Schwierigkeiten stößt, gebraucht diese Formel beschwörenden Tones, als lasse sich eine Verpflichtung daraus ableiten: **Du, deines Vaters Tochter und eigentlich noch klüger als der Alte, du wirst doch nicht dein eigentliches Lebensglück wegwerfen wollen** [...] (47). Schließlich glaubt Professor Schmidt selbst in väterlich-übertriebener Gewissheit seine Corinna allem **Unverstande** fern: [...] **dazu ist sie viel zu sehr Vaters Tochter** [...] (70).

Selbst die Schmolke umfasst Vater und Tochter zuweilen mit einem Blick, sieht das Moment der Übereinstimmung aber kritischer: **Er habe den Fehler, den so viele hätten, und die Schmidts voran: sie red'ten über alles und wüßten alles besser. ›Ja Corinnchen, in diesem Belange bist du auch ganz Schmidtsch‹** (124). Nur Treibel mit seinem Sinn für spezifisch Weibliches hebt **die hübsche Corinna** (134) kräftig von anderen ab und bemerkt an **der klugen, immer heitren, immer unterhaltlichen Person, die wenigstens sieben Felgentreus in die Tasche steckt – von nächststehenden Anverwandten ganz zu schweigen** – (134) sogar die zierliche Hand (134).

6.2 Kritik an der väterlichen Welt

Corinna selbst ist sich der inneren Nähe zum Vater – **Ich bin [...] aus einer plauderhaften Familie** (31) – zu sehr bewusst, um wie andere immer wieder darauf hinzuweisen. Eher sieht sie sich gezwungen den Abstand hervorzuheben. Ihre diesbezüglichen kritischen Äußerungen über den Vater zeigen denn auch ihr Selbstbewusstsein, ihre innere Selbstständigkeit. Sie weiß um seine Qualitäten – **Papa ist gut** [...] (10) und **Papa ist ein guter Professor** [...] (124) – und sie besiegelt ihre Liebe zu ihm auch ungeniert mit einem **herzhaften Kuß** coram publico (63). Seine kleinen Schwächen sieht sie sehr wohl – [...] **seine Bequemlichkeit und seine Pfeife** [...] (10) – und dass er sich nicht gerne Zwang antut (10). Darüber hinaus erkennt sie aber auch die Seiten, die sie ihrem eigenen Lebensverständnis nach ihm als Fehler ankreiden muss: Mit einigem Recht misstraut sie seiner optimistischen Devise **Das Schmidtsche hilft sich selbst oder Es wird schon zum Durchbruch kommen** (124), womit er so tut, als gäbe es nichts – keine gesellschaftlichen Schranken etwa –, was sich hindernd in den Weg stellen könnte, und sie misstraut dieser Devise umso mehr, als sie im Grunde nur auf die Entfaltung subjektiver Innerlichkeit abzielt. Daher denn auch Corinnas Klage, dass der Vater **alles Äußerliche, Besitz und Geld, und überhaupt alles, was schmückt und schön macht**, unterschätze und darin **einseitig und eigensinnig** sei (10). Ihr genügt es nicht, wie der Vater nur auf geistigem Gebiet – in **schöner Gedankenwelt**, wie Jenny sagt (11) – Schranken zu durchbrechen; das hat sie selbst längst vollzogen. Sie spürt, dass diesem Durchbruch ein solcher auch auf sozialem, ja materiellem Gebiet entsprechen müsste. Aber gerade in dieser Sphäre heißt es sich einschränken, ein **Lied, das immer gesungen und immer gepredigt wird** (48); Marcell betont später Professor Schmidt gegenüber den Anflug von Bitterkeit, mit dem Corinna die **kleinen Verhältnisse, das dürftige Kleinleben** mit **Speck und Wruken** ausgemalt habe (69). Sie sieht schließlich deutlich genug, dass solche Beengung den **Geist** selbst, der sich so souverän dünkt, berührt und einschränkt: Ein Bild derartiger Verkümmerung hat Corinna vor Augen im Professorenkränzchen, in den **Sieben Waisen Griechenlands** (50), welcher Name, im Sinne der Selbstironie gemeint, ungewollt doch auch etwas von der heimlichen Wunde derer verrät, die trotz ihrer Ämter und Würden auf sich selbst verwiesen bleiben, tatsächlich wie **Waisen** außerhalb des großen gesellschaftlichen Getriebes stehen; deren Geistesblitze kennt Corinna zur Genüge: **Was Distelkamp sagt und Rindfleisch und der kleine Friedeberg, das weiß ich ja schon alles auswendig** (13), und nur die Liebe zum Vater hindert sie, das hinzuzufügen, was sie später denkt, dass sie auch **die großen Sätze des Alten [...] längst auswendig** kann, ebenso die Erzählungen der guten Schmolke (101).

6.3 Erziehung und Langeweile

Hinzu kommt die Lage, in die sich Corinna als Mädchen versetzt sieht; sie, die immerhin den 1865 von Adolf Wilhelm Lette in Berlin gegründeten »Verein zur Förderung der Erwerbsfähigkeit des weiblichen Geschlechts« besucht hat (31) – eine beachtliche Abweichung vom hergebrachten Bildungsweg höherer Töchter –, findet zu Hause kein rechtes Betätigungsfeld; **es geht alles wie am Schnürchen** dank der Schmolke (43): Sie langweilt sich herzlich in ihrer häuslichen Einsamkeit (101).

Die Klage darüber steigert Corinna in Momenten der Depression zur Anklage gegen das Erziehungsprinzip des Vaters: […] **liebe Schmolke, […] wenn *Sie* nicht gewesen wären, wer hätte mir denn überhaupt was gesagt? Keiner. Ich bin ja wie wild aufgewachsen, und es ist eigentlich zu verwundern, daß ich nicht noch schlimmer geworden bin, als ich bin. Papa ist ein guter Professor, aber kein guter Erzieher** […] (124).Sie fühlt sich im Stich gelassen; und doch liegt darin auch ein Moment von Blindheit: Corinna sieht nicht, dass sie gerade durch diese Erziehung in Freiheit, die der antiautoritären Einstellung des Vaters entspricht, das geworden ist, was sie ist, nämlich eine kluge, gewandte, selbstbewusste **Person**, die, wie selbst Jenny Treibel einsieht (dabei ungewollt in den von ihr gerügten Jargon des Kommerzienrates verfallend), ihrem geistigen Format nach alle anderen, auch ihre beiden Söhne, **in die Tasche steckt** (127).

Dank dieser Erziehung, die in ihren Augen keine gewesen ist, kommt gerade das unverbildet zur Geltung, was man Corinnas Naturell nennen könnte, das, wofür die sentimentale Kommerzienrätin die Phrase findet: **Wenn ich die Corinna ansehe, das sprüht alles von Lust und Leben** (127). Im ersten Teil des Romans (bis zur heimlichen Verlobung) werden ihre Natürlichkeit, ihr Temperament, ihre ungebrochen heitere Grundstimmung, ihre Freude an Spott und Ironie, Schelmerei und Koketterie hervorgehoben; aber diese naturhaften Züge sind doch immer eng verschränkt mit einer geistigen Souveränität, mit dem, was man im 18. Jahrhundert *Witz* genannt hat, und so schlagen denn auch diese natürlichen Qualitäten in gesellschaftliche um: Corinna glänzt in der Konversation und Frau Treibel weiß, warum sie Corinna zum Diner eingeladen hat. Tritt in solchen mehr unverbindlichen Situationen Corinnas Mutwille hervor – **Ich bin etwas übermütig, Mr. Nelson** […] (31) –, so in ernsten Situationen das Zusammengenommene, Zusammengeraffte ihres Wesens, ihr Wille, ihre Zielstrebigkeit und -sicherheit, was alles die Schmolke zusammenfasst im Begriff der **forschen Person** (124), während Jenny – nach der heimlichen Verlobung – jene Aspekte im Wesen Corinnas, dieser gefährlichen Person, **die vor nichts erschrickt und dabei ein Selbstbewußtsein hat, daß man drei Prinzessinnen damit ausstaffieren könnte** (139), nur als **Professorendünkel** abtut.

6.4 Die heimliche Wunde

Gleichwohl sind im Erscheinungsbild jener Corinna, die während des treibelschen Diners in heiter-kecker Gelöstheit so souverän mit Mr. Nelson und Leopold spielt, deutliche Züge von Angestrengtheit wahrzunehmen. Man darf sich durch die Brillanz, mit der sie den jungen Engländer bezüglich seines berühmten Namensvetters aufs Glatteis führt, nicht den Blick verstellen lassen: Corinna spricht **so lebhaft, so laut** (29), schreit einmal sogar **laut auf, freilich nur, um im selben Augenblicke wieder in ein helles Lachen auszubrechen** (41), sehr zur Unzufriedenheit Marcells, der meint, **daß seine Cousine ein solches Hasten und Sich-in-Szene-Setzen nicht nötig habe** (32), und die Sicherheit, um die Fräulein Honig **diese halbe Kollegin** (29) beneidet, gehört mit zu Corinnas Rolle, die sie zum Burschikosen hin ausgestaltet, aber eben mit einem Gran Bemühtheit zu viel. Das lässt daran zweifeln, ob Corinna wirklich in völliger Übereinstimmung mit sich selbst agiert, deutet vielmehr auf eine geheime Wunde in ihrem Inneren zurück.

Im Gespräch mit Marcell (43 ff.), das sie nur so lange mit gewohntem Spott führt, bis der Partner sie zum Ernst zwingt, kommt sie selbst darauf zu sprechen. Dabei irritiert zunächst, dass Corinna, aus deren Impulsivität bisher Kopf und Herz gemeinsam zu reden schienen, jetzt nur **verstandesgemäß** argumentiert, wogegen nichts einzuwenden wäre, handelte es sich nicht gerade um eine Angelegenheit, die man gemeinhin als eine des Herzens anzusehen gewohnt ist. **Alles ist Berechnung,** sagt denn auch Marcell später im Rückblick auf diese Unterredung (69), eine Einsicht, zu der Corinna selbst erst viel später fähig ist (150). Tatsächlich fällt in ihrer Rechtfertigung vor Marcell auch nicht einmal das Wort *Liebe*. Statt dessen redet sie von Ziel und Zweck, was sie durch Bilder umschreibt, die eindeutiger als jede direkte Benennung sind: Leopold Treibel erscheint ihr als **Rettungsanker**, als das **aufzusetzende große Marssegel**, bestimmt, sie **an ferne, glückliche Küsten zu führen** (49). Hier mit dem Vetter nimmt sie nur den Faden wieder auf, den sie bereits im ersten Gespräch mit der Kommerzienrätin gesponnen hatte: **[...] die Jugend ist gut. Aber ›Kommerzienrätin‹ ist auch gut und eigentlich noch besser [...]** (8). Marcell, der aus vergangenen Tagen immer noch das Bild einer **aparten Person** (47) in sich trägt,[48] kann nicht verstehen, spricht von **Veräußerlichung,** von **verdammter neuer Zeit** und von **modern** (68/70), während der voreingenommene Vater an Kapricen, Feuerwerk, Fantasietätigkeit und *jeu d'esprit* glaubt (69/70) und weiterhin auf das **Schmidtsche** hofft (70).

Für Corinna stellt Leopold nur das Mittel, nicht das Ziel selbst dar. Das verkennt Jenny, die aus Selbstüberschätzung stets alles auf ihre Familie bezieht. Dem Tenor ihrer Auslassungen zufolge will Corinna weniger um jeden Preis in die treibelsche Sphäre eindringen; eher handelt es sich um einen Versuch aus der Enge preußisch-kargen Beamtendaseins auszubrechen. Diese enge Welt beschreibt sie mit überzeugender Anschaulichkeit, während sie ihr Ziel nur im undeutlichen Bilde der fernen, glücklichen Küsten zu fassen vermag. Ihr Bekenntnis, dass der **Hang nach Wohlleben** auch sie jetzt wie alle Welt **in der Gewalt** habe (48), deutet zwar auf äußere Einflüsse hin, die ihren Wunsch nach solchem Ausbrechen geweckt haben. Diese Einflüsse dürften aber erst wirksam geworden sein, nachdem ihnen der Boden bereitet worden ist durch die Einsicht, dass dasjenige, was die väterliche Erziehung aus ihr, Corinna, gemacht hat, sich erst in einem bestimmten äußeren Rahmen, voll entfalten könne, dass *Bildung* verkümmern müsse, werde ihr im gesellschaftlichen Bereich nicht ein entsprechender Status gegeben.

Die Entschiedenheit, mit der Corinna auf das nach reiflicher Überlegung gesteckte Ziel losgeht, erweist sich aber als Selbstbetrug, und das nicht erst hinterher. Ihrem Plan sind von vornherein Elemente beigemischt, die seiner Intention eigentlich zuwiderlaufen: Momente des Halbherzigen, des Unsicheren, des Zögerns, die zunächst von der virtuosen Durchführung überspielt werden. Im Gespräch mit Marcell sagt die Urheberin eigener Pläne, es kleide ein Mädchen nicht, mit solchen Plänen hervorzutreten, und die im Vergleich zu anderen Figuren wirklich Emanzipierte streitet ab, ein emanzipiertes Frauenzimmer zu sein; diejenige, die nur wenig später mit ihrer Strategie Leopold Treibel überrumpeln wird, behauptet allen Ernstes: [...] **ich habe gar keine Lust, das alte Herkommen umzustoßen, alte gute Sätze, zu denen auch der gehört: ein Mädchen wirbt nicht, um ein Mädchen *wird* geworben** (46). Wenn das schon kein Widerspruch sein soll, so ist es doch Sophisterei, mit einem Plan, der als solcher schon der Konvention zuwiderläuft, keine Konventionen verletzen zu wollen. Die Spitzfindigkeit ihrer Rechtfertigungsversuche wird offensichtlich, wenn sie danach trachtet, diesen Plan, das unverkennbare Produkt ihres Emanzipiertseins, auf das **alte Evarecht** (46) zurückzuführen, auf die angeborene **weibliche Natur** zu gründen. Auch später, wenn sie sich gegen die Anklagen der Kommerzienrätin verteidigt, beruft sie sich auf ihre **Natur** (144).

Auf Marcells Vorhaltungen entschlüpft Corinna aber eine Bemerkung, in der sich Eigensinn und Unsicherheit merkwürdig mischen: [...] **es ist mein vollkommener Ernst, so sehr, daß ich ein ganz klein wenig davor erschrecke** (48). Dieses Erschrecken, ein Aufzucken des misshandelten Gefühls, nimmt sich aus wie ein Vorbote jenes sich körperlich auswirkenden Unbehagens, von dem Corinna nach dem Ausflug und nach stattgefundener heimlicher Verlobung befallen wird: [...] **ich habe** [...] **keinen rechten Appetit, und der Kopf ist mir so benommen; ich werde am Ende krank** [...] (119). So rächt sich (die wirkliche) Natur am Übermut des Geistes, der sich wissentlich lügend auf jene beruft und der selbst im Augenblick der Verlobung jener noch ein Schnippchen schlägt; denn

Corinna antwortet dem armen Leopold weder auf dessen flehentliches **[...] sagen Sie ja oder nein** noch auf dessen Küsse, geht vielmehr kurzerhand zum **Du** über und bewahrt völlig den kühlen Kopf, indem sie **klugerweise von jeder weiteren Auseinandersetzung Abstand** nimmt und statt dessen einen Schwall Ermahnungen loslässt, die dem schwachen Partner den Rücken stärken sollen, auf dass er bei der Stange bleibe; und weil sie denn doch einsieht, dass in solcher Situation auch auf Gefühle Rücksicht zu nehmen ist – auf die des Partners zumindest –, so fügt sie schnell einige Phrasen hinzu: **Denn die Liebe, das seh' ich klar, ist demütig, und ich fühle, wie meine Fehler von mir abfallen.** Mit dem trockenen Tones angehängten **Es soll dies ja ein Kennzeichen sein** straft sich die kluge Corinna vollends Lügen (115/116). Alle diese Widersprüche haben zur Folge, dass die Redselige in Schweigen, in einen völlig **unnatürlichen** Zustand versinkt, sehr zur Beunruhigung der Schmolke, die, **wie die meisten alten Berlinerinnen, außerordentlich viel von ›sich aussprechen‹ hielt, je mehr und je öfter, desto besser** (150).

6.5 Küchenphilosophie

(Gespräch Corinna – Schmolke, 152 ff.)
Aber auch das hatte seine Zeit (152): Mit dieser auf Kommendes hindeutenden Formel, die zugleich an den für die lebhafte Corinna so unnatürlichen Zustand des Schweigens angeknüpft bleibt, beginnt der Erzähler. Durch behagliches Ausbreiten der Situation verzögert er zunächst den Beginn des Gesprächs. Seinen Blick lässt er erst auf Umwegen zu den Gesprächspartnerinnen gelangen. Zu Beginn verfolgt dieser Blick die Heimkehr Professor Schmidts aus der Schule, registriert bei dieser Gelegenheit Tag und Stunde, springt dann zwar zur Küche hinüber, streift aber dort nur ganz beiläufig die ausbleibenden Reaktionen Corinnas und Schmolkes auf das Ins-Schloss-Fallen der Wohnungstur, geht vielmehr sofort an den beiden vorbei zum offen stehenden Küchenfenster, während des Vorbeigehens sowohl die Lage des Tisches als auch die Jahreszeit und den Wetterzustand hervorhebend, und verweilt schließlich bei den in der Farbe der Hoffnung (grün) prangenden Blumenkästen, wo er die Sperlinge entdeckt, die zwischen den Blumen hindurch sich bis zum Küchentisch vorwagen. Dies alles geschieht, als wolle der Erzähler bezüglich des Anfangs und des Endes dieser kleinen Wanderung dem Leser ironisch andeuten, dass kein Lebewesen männlichen Geschlechts, weder Vater noch Sperling, und träte es mit noch so **großstädterischer Dreistigkeit** (153) auf, den hermetischen Charakter des allein weiblichem Fleiße vorbehaltenen Küchenrefugiums und das In-sich-versunken-Sein seiner derzeitigen Insassinnen aufzuheben vermag.

Erst dann wendet sich der Erzählerblick den Gesprächspartnerinnen zu, deren Nichtachtung männlichen Daseins freilich in verschiedenen Bereichen gründet: bei Corinna zweifellos im subjektiven Seelenzustand, den klägliches männliches Versagen heraufbeschworen und zu einer Intensität gesteigert hat, der im Äußeren nichts besser entsprechen mag als das Zerstoßen des Zimtes im Mörser zwischen den Knien; bei der Schmolke dagegen dürfte es teils die durch die friedlich-sonnige Küchenatmosphäre geförderte Vertiefung ins Birnenzerteilen sein, die sie alles andere ignorieren lässt, teils aber auch die Schwierigkeit, angesichts einer betont schweigsamen Partnerin eine Unterhaltung zu eröffnen, wonach sie sich **schon lange sehnte** (153). Immerhin gelingt es der Schmolke, aus der Arbeitssituation heraus – scheinbar harmlos und arglos – ein Gespräch zu eröffnen und gleich mit den ersten drei Sätzen, die durch Corinnas zustimmendes Kopfnicken nicht unterbrochen werden, wenigstens gedanklich imaginäre Scheidewände niederzureissen, indem sie eine Verbindung zu einem männlichen Wesen herstellt: zu Corinnas Vater.

Dieser erste Dreischritt beginnt in der Sphäre sinnlicher Gewissheit mit einer empirisch nachprüfbaren Behauptung, die sich am vorgezeigten Objekt orientiert (**Sieh, Corinna** [...]), erhebt sich dann zum Bereich der Vorstellung, in welchem durch den Vergleich mit dem italienischen Teigwarenerzeugnis, der etwas von einer kindlichen Drastik hat, die Anschaulichkeit gewahrt bleibt (**Den kann er anfassen** [...]), und gipfelt schließlich in einem nachdenklichen Innehalten, das eine Summe, ein Fazit zutage fördert, in welchem auch all das mit eingerechnet zu sein scheint, was in den beiden vorhergehenden Sätzen nicht eigens ausgesprochen worden war: **Es ist doch ein merkwürdiger Mann** [...] (153).

Diese Einsicht wiederholt sie, nachdem Corinna – nun endlich mit Worten, wenn auch lakonisch – zugestimmt hat; aber die durch den Zusatz [...] **und voller Schrullen** gleichsam verdoppelte Aussage zeigt nur, dass sie mit ihrer Analyse nicht recht weiterkommt, beim bloßen Phänomen stehen bleiben muss ohne zum Wesenskern vorgedrungen zu sein. Wohl deshalb versieht sie die Gewissheit ihrer Behauptung mit einer kleinen Einschränkung, indem sie hinzufügt, man müsse Corinnas Vater erst **ausstudieren** (153), ein Wort, das sie dem Milieu entnimmt, in welchem sie arbeitet, und das sie unbefangen ihren Bemühungen um Menschenkenntnis beilegt, damit zugleich die Gewissenhaftigkeit und wägende Sorgfalt dieser Bemühungen hervorhebend, wenn auch offen bleibt, ob jenes Ausstudieren bereits geleistet ist oder noch zu vollbringen wäre. Jedenfalls scheinen die Merkwürdigkeiten und **Schrullen** das sonst so helle Bild, das sie sich von Professor Schmidt gemacht hat, zu verdunkeln; sie versehen es mit Zügen, die ihr umso unverständlicher sind, je weiter sie sich vom **Normalen** entfernen. Solche Abweichungen von der Norm misst sie am Erinnerungsbild ihres verstorbenen Mannes, der **einfach** und **gut** und ohne Schrullen war, wenn auch nicht ohne Ansprüche auf kulinarischem Gebiet: So bleibt sie völlig auf dem Boden der praktischen Hausfrau, die alles vom Blickwinkel der Küche her betrachtet und für die der Ärger über lieblos zubereitetes Essen eine normale und durchaus berechtigte Reaktion darstellt.

Dieser ›Küchenperspektive‹ stellt Corinna etwas belehrend-herablassend ›höhere‹ Gesichtspunkte entgegen, indem sie an die nichts sagende Allerweltsweisheit, **daß sich über Geschmäcker nicht streiten läßt** (153), erst den lahmen Hinweis auf die liebe Gewohnheit, dann aber noch den auf die Gesundheit anhängt und somit der Küchenphilosophie, die alles nur daran misst, ob es auch gut schmeckt, so etwas wie ein **Iss mit Verstand!** entgegensetzt, ein wirkungsvolles Argument all denen gegenüber, in deren kümmerlich kleinbürgerlichem Leben Gesundheit wenn nicht als höchstes Gut, dann doch als nachhaltiger Trost für alles unerfüllt Gebliebene erscheinen muss.

Der Hinweis auf allzu theoretische Einsichten erregt bei der alten Praktikerin nur Heiterkeit, und dies umso mehr, als gerade das, was sie bestenfalls als Abfall anzusehen geneigt ist, der Gesundheit förderlich sein soll. Dieser Heiterkeit gibt sie in ihrer drastischen Art Ausdruck, indem sie Corinnas Belehrung extemporierend in einen kleinen humoristisch-dramatischen Sketch verwandelt, der an Deutlichkeit nichts zu wünschen übrig lässt und die Lächerlichkeit der Behauptungen Corinnas bloßstellen soll und der ihr nicht zuletzt dazu dient, die ironische Ablehnung, die sie nun mit eigenen Worten anhängt, vorzubereiten und zu stützen: […] **Stengel un Schale, was davon Gesundheit is, das weiß ich nicht** […] (154).

Sie ahnt nicht, dass sie gerade damit Corinna zu einem kleinen Triumph verhelfen wird. Corinna, nun wirklich überlegen, sodass sie diesen Triumph in einen gelassenen Tonfall kleiden kann, antwortet zunächst sanft widersprechend, geht vom Allgemeinen aus (**Manche können** […]), flicht dann das Besondere ein, nämlich ihren Papa ([…] **wenn sie, wie Papa,** […] **Soße löffeln**), fasst darauf – schon herzhafter im Ton – ihre Gegenmeinung sentenzartig zusammen (**Alles muß dranbleiben**), lässt schließlich ihre Argumentation unvermutet im Fremdwort **Adstringens** aufgipfeln: Das ist ihre Antwort auf das Sekundendrama der Schmolke, die sich denn auch völlig verblüfft nur zu einem hilflosen **Was?** aufraffen kann und damit ihre Unwissenheit einbekennen muss, aber damit auch eine Retardation des Gesprächsflusses bewirkt, die das, was Corinna nun aussprechen wird, hervorzuheben hilft.

Auf die Erklärung dessen, was *Adstringens* bedeutet, läuft dieses Küchengespräch hinaus, auf diesen Höhepunkt hin ist es angelegt, ja deshalb wird es vom Erzähler überhaupt wiedergegeben. Denn so strikt sich auch Corinna dabei in den Grenzen eines physiologischen Vorganges hält, so deutlich weist ihre Erklärung auch über solche Grenzen hinaus: Als metaphorische Umschreibung ist sie übertragbar auch auf andere Gebiete, etwa aufs Psychologische, und tatsächlich spricht Corinna, ohne sich der Doppeldeutigkeit ihrer Worte bewusst zu sein, das aus, was ihr selber in ihrer eigenen Situation helfen wird, dass nämlich der Prozess des Zusammenziehens, der den ganzen inneren Menschen ergreift, das ist, **was alles wieder in Ordnung bringt und vor Schaden bewahrt** (154).

Wenn irgendwo in diesem Roman, dann ist hier mit großer Entschiedenheit die Einsicht formuliert, die allen anderen Romanfiguren versagt ist; wenn überhaupt, dann ist hier der Punkt erreicht, der als Gegenposition gelten darf zur Aufgeblasenheit und Hohlheit bourgeoiser Gesinnung. Freilich bleibt für Corinna die selbst formulierte Einsicht vorerst theoretisch, wenn ihr auch in der nun eingetretenen Gesprächspause (**Die beiden Frauen aber verfielen in Schweigen** [...]) dämmern mag, dass sie das Ganze ihrer Affäre mit Leopold – **alles muß dranbleiben!** – wird schlucken müssen, damit der Prozess des Zusammenziehens eintrete, den ganzen inneren Menschen durchdringe und alles wieder in Ordnung komme. Diesen Prozess setzt die Schmolke in Gang, wie das nach viertelstündigem Schweigen nun einsetzende zweite Gespräch zeigt, in welchem jetzt sie die eindeutig Überlegene, die sicher Leitende ist.

7 Wie endet eine Komödie?

7.1 Shakespeare und Fontane

In der *Nationalzeitung*, die Kommerzienrat Treibel im neunten Kapitel zur Hand nimmt, wird Leutnant a. D. Vogelsang polemisch in die Klasse **der Malvolios, der feierlichen Narren**, eingereiht (95). Lose an diese Anspielung angelehnt mag es auch uns gestattet sein, bei Shakespeare und seiner Komödie WAS IHR WOLLT nachzuschlagen, wie eine Komödie endet.

Die Schlussszene vereinigt noch einmal sämtliche Figuren auf der Bühne, damit sie Zeugen werden der Vereinigung derer, **die einander entzündet und gequält, einander gesucht und getäuscht und beglückt** haben; denn sie alle – voran der Herzog und Viola, Olivia und Sebastian – waren **nur die Figuren eines Tanzes mit Suchen und Nicht-Finden, mit dem Haschen nach dem Falschen und dem Fliehen des Richtigen.**[49] Die Impulse, aus denen das Komödienspiel fünf Akte lang lebte und die dem Widerstreit von Melancholie und Übermut, von Natürlichkeit und Konvention, von Schein und Sein entsprangen, kommen nun zur Ruhe. Und doch bleibt die Harmonie des Komödienschlusses nicht ohne Dissonanz: Malvolio, dem man als dem Vertreter eines verknöcherten Puritanertums übel mitgespielt, den man zum Narren gehalten und verlacht hat, verlässt tief verwundet und Rache gelobend die Szene, was mehr noch den Zuschauer als die auf der Bühne glücklich Vereinten daran erinnern mag, dass Glück nicht vollkommen sein kann, solange es ans Unglück anderer grenzt, diese nicht mitumfasst, wie denn in Komödien überhaupt die gesellschaftlichen Widersprüche ihren Reflex darin hinterlassen, dass das Happyend, wie es diese dramatische Gattung ihrem eigenen Begriff nach fordert, sich sehr oft nur auf Kosten der Figuren herstellt, die als Abweichler und Außenseiter verlacht werden. Shakespeare hebt in WAS IHR WOLLT dieses Moment des Ernstes inmitten der Heiterkeit des Komödienschlusses durch einen ironischen Schnörkel, nämlich durch das hintergründige Lied des Narren auf, das dieser singt, nachdem alle anderen Figuren die Bühne verlassen haben, und mit dem er die Zuschauer entlässt.

In FONTANES erzählter Komödie weist die Schlussszene überraschend ähnliche Strukturzüge auf, daneben freilich auch solche, die beträchtlich abweichen, was vor allem daran liegt, dass das **Spiel** nicht wie bei Shakespeare in einer **sagenhaften Allgemeinheit und Ferne**[50] angesiedelt ist, sondern eben im Berlin von 1888 und innerhalb einer sozialen Schicht, die an einem bestimmten Punkt ihrer historisch-gesellschaftlichen Entwicklung angelangt ist. Hier stoßen sich ungleich härter die Sachen im Raume, und nicht nur die Welt, auch das Gehirn, in dem sonst so leicht die Gedanken beieinander wohnten, scheint enger geworden zu sein, wenigstens bei denjenigen, die wie Jenny Treibel nur in Kategorien des Geldes, des Gewinns, der Standes- und Statuserhaltung denken und handeln.[51]

Die Harmonie, die sich auch bei FONTANE am Ende des Romans herstellt, wenn auf ähnliche Weise wie in der Shakespearekomödie noch einmal die beiden ›Häuser‹ anlässlich der Hochzeit Corinnas zusammenkommen, ist denn auch nur eine Harmonie der Oberfläche, die so manchen Riss in der Tiefe verdeckt. So kommt die Teilnahme des treibelschen Hauses auch nur zustande durch Kalkül, denn Jenny hofft, mit ihrer Anwesenheit gesellschaftlichem Tratsch die Nahrung zu entziehen (168); kommt es bei Shakespeare angesichts des Glückes der Vereinten zu einem natürlichen Vergessen all der vergangenen Leiden, so bei Jenny zu dem bewussten Willensakt alles Vorgefallene **auf die leichte Schulter** und **als eine Kinderei** zu nehmen (168): Das Vergessen wird veranstaltet und erzwungen durch eine Strategie, die, im wirtschaftlichen Konkurrenzkampf entwickelt, selbst hier im privaten Bereich keineswegs vergessen wird. Außer Leopold Treibel, dem Malvolio dieser erzählten Komödie, den mehr die Härte seiner Mutter als die eigene Schwäche ausmanövriert hat, versammeln sich nicht nur die Spitzen der beiden ›Häuser‹, auch die jeweils wesentlichsten Trabanten, und selbst Mr. Nelson bringt sich aus der Ferne durch sein Telegramm und das darin enthaltene Wortspiel in Erinnerung (169). Aber es gibt im Gegensatz zu Shakespeares Komödie keine Doppelhochzeit, obwohl doch der Tag, an dem Corinnas Verlobung mit Marcell bekannt gegeben wurde, *zwei* Verlobungen bedeutete, wie Hildegard Munk mit sicherem Gefühl spürte (167). In Jennys Augen liefe eine Doppelhochzeit zweifellos auf eine unerwünschte demonstrative Gleichstellung der ›Häuser‹ hinaus, die auf jeden Fall zu verhindern wäre; aber auch die Komposition des Romans, in welcher die Dreierkonstellation Marcell–Corinna–Leopold von vornherein gegeben ist, ließe eine solche Lösung nicht zu, die einer Vierergruppierung wie bei Shakespeare – Herzog und Olivia einerseits, die Zwillinge Viola und Sebastian andererseits – bedurft und es deshalb notwendig gemacht hätte, Hildegard Munk rechtzeitig ins Spiel zu bringen.

7.2 Hochzeitsfeier im Stadium ihrer Auflösung

Die Schlussabschnitte, die sich mit der Schilderung der Hochzeitsfeier befassen, stellen im Grunde weniger die Feier selbst als vielmehr deren

Verfall, deren Auflösung zu vorgerückter Stunde dar: die Gesellschaft, offensichtlich nur mühsam durch den besonderen Anlass zusammengehalten, löst sich sofort in ihre heterogenen Bestandteile auf, nachdem das Brautpaar gegangen und als integrierender und stabilisierender Faktor ausgefallen ist. Nicht nur scheiden sich die Generationen, die tanzlustige der Jungen von der phlegmatischeren der Alten, sondern bei dieser trennen sich nochmals die Damen von den Herren: Das Zueinander der Geschlechter dort, das Auseinander hier wird als komisch wirkender Kontrast dem Schmunzeln des Lesers preisgegeben. Zugleich wird der Lichtkegel der Erzählerperspektive verengt und allein auf ein Grüppchen gerichtet, das deshalb übrig zu bleiben scheint, weil die zerflatternde Gesellschaft im Dunkeln gehalten wird. Kommerzienrat Treibel, Adolar Krola und Professor Schmidt bilden dieses Grüppchen, das nicht nur von ferne an das Trio Junker Tobias – Narr – Christoph von Bleichenwang in *WAS IHR WOLLT* erinnert, sondern auch in seiner besonderen Zusammensetzung so etwas wie eine sprechende Figurenkonstellation darstellt; denn hier sitzt der **Tenor und Millionär** Krola (26), in welchem sich – wenn auch auf eine durchaus dubiose Art – Besitz *und* Bildung verkörpern, zwischen den beiden, die jeweils nur Besitz oder Bildung repräsentieren. Erklingt bei Shakespeare das Lied des Narren ganz zuletzt vor leerer Bühne, so singt Krola auf Schmidts Bitte hin dessen Lied doch noch vor einer für den Augenblick aufmerksam gewordenen Gesellschaft, und es ist, als mache der Sänger an Schmidts poetischem Gebilde das Unrecht wieder gut, das Jenny ihm antut, wenn sie es zu Repräsentationszwecken missbraucht und dabei mehr sich produziert als das Lied reproduziert.

7.3 Der ›Narr‹ hat das letzte Wort

Macht bei FONTANE auch das Lied nicht den wirklichen Schluss, so dann doch der ›Narr‹, der auch hier wie bei Shakespeare der Mann der Ironie und der Selbstironie und eben derjenige ist, der auf denkbar höchstem Standpunkt steht, und er bleibt dieser Mann, auch wenn ihn das Anhören des eigenen Liedes und der genossene Wein für einen Augenblick in eine sentimentale Stimmung versetzt haben. Aber gerade diese sentimentale Anwandlung Schmidts irritiert die Interpreten. Warum entlässt der Roman, so fragen sie, den durch seine Bildung so überlegenen Gegenspieler Jennys in einem derart reduzierten Zustand, mit einem so unklaren Eingeständnis von Sentimentalität? Für Reinhardt deutet diese Akzentuierung des Sentimentalen durch den Autor auf einen Strukturmangel des Romans, weshalb Schmidts Schwäche nicht psychologisch erklärt werden dürfe. Mittenzwei hält Schmidt für entschuldigt, weil er betrunken, Kahrmann gar, weil er volltrunken sei. Für Müller-Seidel zeigt sich in Schmidts Perorieren **die Rechtfertigung des Ambivalenten zwischen nihilistisch anmutender Kritik [...] und Sentimentalität**, und Kafitz tut die Äußerung des Professors als **pathetisch sentimentale Phrasen** ab, ohne zu bedenken, dass er damit die Position Schmidts allzu sehr derjenigen Jenny Treibels annähert.[52]

Gewiss: Im Vergleich zu Krola, **der an hundert Tafeln wetterfest geworden [...] und noch ganz leidlich im Stande war** (170), ist der Professor für einen Augenblick nicht ganz auf der gewohnten Höhe, und er weint vor sich hin. Dann heißt es jedoch: **Aber mit einem Male war er wieder da** (170). Der **reduzierte Zustand**, den jene Interpretenfrage ihm unterstellt, ist also nur eine Augenblickserscheinung. Sie gilt fortan nicht mehr, wie seine nun einsetzende Schlussrede zeigt, mit der er sich Schritt für Schritt aus der sentimentalen Anwandlung heraus- und wieder zu der Souveränität heraufarbeitet, die der höchste Standpunkt, der der Selbstironie, verleiht. Diese Rede – anfänglich wiederholt vom Atemschöpfen unterbrochen, ohne dass die locker assoziativ gereihte Gedankenkette reißt – treibt der vom Anhören seines Liedes und vom genossenen Wein Befeuerte rasch zu ihrem Höhepunkt: **[...] Natur ist Sittlichkeit und überhaupt die Hauptsache. Geld ist Unsinn, Wissenschaft ist Unsinn, alles ist Unsinn. Professor auch** [...] (171).

Die dreigliedrige Klimax negativer Aussagen, der er noch ein Anhängsel beifügt, in welchem er sich selber infrage stellt, wirft ein bezeichnendes Licht auf die apostrophierte **Natur**, von der diese Klimax ausgeht, sodass die Bedeutung dieses rousseauschen Anklanges sichtbar wird: **Natur** steht hier als Gegenbegriff zu Geld, Wissenschaft und akademischem Titel, die allemal gesellschaftlichen Ursprungs sind und die damit als Unnatur kritisiert werden; genauer: Natur wird aufgerufen als Gegenbild zu dieser Gesellschaft von 1888, die verantwortlich gemacht wird für alle die Momente am Menschen, durch die er verkümmert erscheint. Denn der Begriff der Natur als wahrer Sittlichkeit lässt sich zwanglos jener Vorstellung von unverbildeter Menschlichkeit zuordnen, die sich jenseits gesellschaftlicher Formen und Schranken bewähren sollte, einem Imperativ, an dem Professor Schmidt unbeirrt festhält, sei es in seiner Zustimmung zum Fazit der Barfusanekdote (53), sei es in seinen Definitionen des geschichtlich Bedeutungsvollen (62) oder des wirklich Höheren und Klassischen (163).

Shakespeares Narr in *WAS IHR WOLLT* singt sein Lied ›ad spectatores‹ und schickt das Publikum nach Hause. FONTANES Professor spricht nicht aus dem Roman hinaus zum Leser, sondern in den Roman hinein. Seine Aufforderung **Kommen Sie, meine Herren, komm, Krola** [...] **Wir**

wollen nach Hause gehen (171) führt zurück in den bürgerlichen Alltag, führt zurück an den Anfang des Romans, als wäre nichts geschehen. Tatsächlich sind die ›Häuser‹ Schmidt und Treibel keine nähere Verbindung eingegangen. So geht am Ende des Romans jeder in sein *Haus*: Es hat sich im Grunde nichts geändert.[53]

Unterrichtshilfen

1 Didaktische Aspekte

Der Roman – und darin liegt u. a. seine Relevanz für eine Behandlung in einem Grundkurs – weist eine so klare Struktur nicht nur hinsichtlich der Kapiteleinteilung und -abfolge, sondern auch innerhalb eines jeden Kapitels auf, sodass sich hieraus Hilfen zur Gliederung der einzelnen Unterrichtsstunden ergeben: Man braucht im Grunde nur der Chronologie der erzählten Fakten zu folgen, wie sie jedem Kapitel einbeschrieben ist. Da es sich zwar um einen relativ kurzen Roman, aber doch auch wiederum um einen relativ umfangreichen Text handelt, kann für das ganze Vorhaben die Devise Professor Schmidts gelten: **keine Kleinlichkeit, keine Eitelkeit, immer aufs Rechte, und immer aufs Ganze!**

Der Einsicht Walter Benjamins zufolge ist der Wahrheitsgehalt eines literarischen Werkes an seinen Sachgehalt gebunden; um jenen zu erreichen muss man durch diesen hindurch, wobei der Kommentar den Sachgehalt sucht, Kritik den Wahrheitsgehalt. Diese Unterscheidung wäre didaktisch fruchtbar zu machen: vom Kommentar zur Kritik, vom Erkennen, Festhalten und Erläutern der erzählten Fakten zum Erörtern übergreifender Fragen und Zusammenhänge – das ist die Richtung, die der ganzen Kursarbeit, der einzelnen Unterrichtsstunde, jedem methodischen Schritt zugrunde liegen sollte.[54]

1977 hat Horst Tippkötter dargelegt, wie die Zeitromane Fontanes im Kursunterricht der Sekundarstufe II behandelt werden könnten.[55] Seine weit ausholende Begründung des Vorhabens geht von einer Analyse des erzählerischen Verfahrens Fontanes aus, das im Wesentlichen darin besteht, dass der Erzähler Figuren mit differenziert aufgefächerten ambivalenten Charakteren gestaltet, selber auf bestimmte Fragen und Probleme keine eindeutigen Antworten gibt und dadurch den Stellenwert und die Aussage jeder eindeutigen Einzeläußerung, die zugunsten oder ungunsten der Titelfigur fällt, relativiert:

Der Meinungsbildungsprozeß des Lesers gewinnt in diesem zentralen Punkt den Charakter eines potentiell nicht abschließbaren Vorgangs, weil jede Position, jedes Urteil, das der Leser für zuverlässig zu halten geneigt ist, durch gegenläufige Details wieder eingeschränkt oder gar aufgehoben wird. Ein neuer Versuch zur Konsistenzbildung wird den soeben unterbrochenen überlagern, und der Leser wird sich mit größerem Nachdruck als zuvor fragen, was er denn vom Charakter und von der Handlungsweise des Helden halten soll. Der Prozeß des Erfahrungsgewinns durch Lesen wird intensiver, umfassender. Der Leser gewinnt mehr und mehr das Gefühl, während der Lektüre sein ›wirkliches Leben fortzusetzen‹.
Damit ist eine wichtige ästhetische Qualität der Zeitromane Fontanes gekennzeichnet: Die perspektivische Auffächerung des Erzählgegenstands in immer

neuen Gesprächskonstellationen ermöglicht es dem Leser, das Lesen als einen quasi-empirischen Prozeß zu erfahren [...]

Neben dieser ästhetischen Qualität ist für Tippkötter entscheidend, dass die neuere Rezeptionsforschung ein zunehmendes Interesse an Fontaneromanen registriert. In Anlehnung an diesbezügliche Ausführungen Walter Müller-Seidels hält Tippkötter drei wichtige Hinweise fest:

> **a) Daß Fontanes Zeitromane nicht nur von der Forschung beachtet, sondern auch ›im literarischen Bewußtsein der Gegenwart anwesend‹ sind, zeigt, daß sie Themen behandeln, die heutzutage noch keineswegs als erledigt betrachtet werden dürfen (Evolution/Revolution; Rolle und Funktion der Bildung; die Frauenfrage u. a. m.). Das ist ein didaktisch entscheidender Sachverhalt.**
> **b) Die allgemeine Feststellung, daß Fontanes Romane aktuell seien, wird in einem Punkte konkretisiert. Das zentrale normenkritische Motiv des *Stechlin* (›mutiges Eintreten für das Neue‹) ist geeignet, Gemeinsamkeit zwischen dem vor achtzig Jahren entstandenen Roman und der jungen Generation von heute zu schaffen – soweit sie eben überhaupt noch liest.**
> **c) Fontanes ›allseitige Skepsis‹, man könnte sie das Formprinzip seiner Romane nennen, enthält ein Moment der Provokation für jeden Leser, der sich, insbesondere in gesellschaftlichen Fragen, nach eindeutigen Antworten sehnt. Solche Leser, vermutet Müller-Seidel zu Recht, gibt es gerade in der jüngeren Generation in großer Zahl.[56]**

Unter der Annahme, dass eine thematische Affinität zwischen der literarisch formulierten Normenkritik und dem Erkenntnisinteresse des heutigen Lesers eine Behandlung fontanescher Romane im Literaturunterricht vollauf rechtfertigt, mustert Tippkötter die 17 Romane Fontanes daraufhin durch, in welchen die verarbeiteten Motiv- und Themenkomplexe das anhaltende Interesse jugendlicher Leser finden können, wobei er seine Auswahl auf drei Fragen gründet:

> **1. Wie soll sich die unvermeidliche Ablösung des Alten durch das Neue auf menschliche, menschenwürdige Weise vollziehen?**
> **2. Wie lassen sich Bildung und Menschlichkeit so miteinander verknüpfen, daß sie sich wechselseitig bedingen, statt sich gegenseitig auszuschließen?**
> **3. Wie können Frauen, die aus guten Gründen auf eine Veränderung ihrer überkommenen Rolle in Ehe und Familie drängen, ihre Emanzipation betreiben, ohne ihre Würde, ihre gesellschaftliche Stellung und ihre Menschlichkeit zu verlieren?**

2 Unterrichtsreihen

Unter diesen Gesichtspunkten fällt Tippkötters Auswahl auf *Der Stechlin*, *Frau Jenny Treibel* und *Effi Briest* und später ordnet er jedem der drei Romane noch einen als Alternative zu, sodass sich folgende Planungsmöglichkeiten ergeben:

Thematisches Stichwort: Zeitenwende und Zeitkritik *Schach von Wuthenow* (und/oder) *Der Stechlin*

Thematisches Stichwort: Besitz und Bildung *Mathilde Möhring* (und/oder) *Frau Jenny Treibel*
Thematisches Stichwort: Die Säkularisierung der Ehe *L'Adultera* (und/oder) *Effi Briest*

Als erfahrener Praktiker weiß auch Tippkötter um die Schwierigkeiten, die das Vorhaben behindern. Er fasst sie in zwei Punkten zusammen:

1. Sie [die Schüler] unterschätzen die Verbindlichkeit des scheinbar unverbindlichen Fontaneschen Plaudertons – und sind stattdessen auf eine Story aus, die bei Fontane, besonders in den späten Romanen, oft eine ganz untergeordnete Rolle spielt.
2. Sie begreifen nur sehr zögernd, daß sich Gesellschaftskritik bei Fontane durchweg als Sprachkritik äußert, Kritik an der Art und Weise, in der die Vertreter der verschiedenen gesellschaftlichen Gruppen im Roman übereinander und miteinander reden; denn es kommt diesem Autor ›nicht auf das faktische Geschehen an, sondern auf dessen Reflexe im Denken und Fühlen der Beteiligten‹ (Reuter), wie sie das Gespräch zur Anschauung und zum Vorschein bringt. Die Gespräche sind also das Eigentliche der Romane und nicht, wie naive Leser meinen könnten, langweilige Zutat.

Gestützt auf solche Beobachtungen organisiert Tippkötter die Kursarbeit im Wesentlichen in drei Phasen:

1. Zügiges Einlesen der Schüler in einen kürzeren Fontane-Roman, um mit der Eigenart und Funktion Fontanescher Erzählkunst vertraut zu werden.
2. Arbeitsteilig organisierte Informationsphase, in der Kleingruppen anhand vorbereiteter Materialien Kurzreferate zu bestimmten Rahmenthemen ausarbeiten können (z. B. zu: Adel und Bürgertum im Berlin der Gründerjahre / Begriffsgeschichtliche Anmerkungen zu Fontanes Kritik des bürgerlichen Wert- und Normensystems (Ehre/Tradition/Fortschritt/Besitz und Bildung etc.) / Fontane zur Theorie und Aufgabe des Zeitromans).
3. Schüler sollen in einem zweiten, thematisch vergleichbaren Roman das jeweils zentrale Thema Fontanescher Gesellschaftskritik in seinen wesentlichen geschichtlichen und gesellschaftlichen Voraussetzungen, seiner literarischen Ausformung und seiner politischen Akzentuierung beschreiben, analysieren sowie in seiner historischen wie aktuellen Bedeutung einschätzen und beurteilen können (z. B. das Verhältnis von Besitz und Bildung in *Frau Jenny Treibel*).

Während Tippkötter *Schach von Wuthenow* und *Stechlin* einem Leistungskurs für die 13. Jahrgangsstufe vorbehalten wissen will, setzt er *Mathilde Möhring* und *Frau Jenny Treibel* in einen Grundkurs für die 12. Jahrgangsstufe, wobei für die erste Phase 5–6 Stunden, für die Kontext-Informationsphase 4–6 Stunden und für die dritte Phase 7–9 Stunden vorgesehen werden.

Zum tippkötterschen Modell, das diachronisch verfahrend innerhalb des fontaneschen Gesamtwerks bleibt, lassen sich natürlich Alternativen denken. Sie bestehen im Wesentlichen darin, an die Stelle des zweiten Fontaneromans das Werk eines anderen Schriftstellers zu setzen und dabei nicht nur diachronisch, sondern auch synchronisch vorzugehen.

Wegen der ähnlich gelagerten Thematik wäre Carl Sternheims Komödie *Der Snob* von 1914 geeignet nach *Frau Jenny Treibel* gelesen zu werden. Zwar bedeutet das einen Wechsel der Gattung, bietet aber die Möglichkeit, epische und dramatische Gestaltung miteinander zu vergleichen, ganz abgesehen davon, dass Fontanes Roman als **erzählte Komödie** und mit dem Übergewicht der darin enthaltenen Gespräche nicht gar so weit von einer Bühnenkomödie entfernt ist. Wichtiger wäre die Gelegenheit, die bürgerliche Mentalität zu Beginn der Wilhelminischen Ära (1888), die Fontane kritisiert, der bürgerlichen Mentalität zu Ende der gleichen Ära, die Sternheim geißelt, gegenüberzustellen und zu erkennen, wie beispielsweise aus Jennys sentimentaler Verklärung der Vergangenheit ein bedenkenloses Verleugnen und Verfälschen der Vergangenheit bei Christian Maske wird, dem brutalen Emporkömmling, wie sich die Thematik von Besitz und Bildung wandelt zur Thematik von Besitz und Macht und wie alles Menschliche – auch der denkbar höchste Standpunkt, der der Selbstironie – verschwindet und nur noch eine Art Technik übrig bleibt, von der Christian zynisch Gebrauch macht um Geld und damit Macht und Einfluss zu gewinnen. Schließlich wäre auch zu erkennen, wie Sternheim seine Figuren typisiert und dadurch seine Kritik verschärfen kann, während Fontane seine Figuren individualisiert und seine Kritik im vergleichsweise milden Licht der Ironie verbleibt.

Für den Unterrichtspraktiker ist es nicht ohne Belang zu wissen, dass der Sternheimtext relativ leicht zu beschaffen wäre, während der folgende Vorschlag an der Schwierigkeit der Materialbeschaffung scheitern könnte. Da der Fontaneroman sich wie eine Parodie des damals gängigen Trivialromans lesen lässt, wäre in synchronischem Verfahren eine Gegenüberstellung mit *Im Hause des Kommerzienrats*, einem 1876 erschienenen Unterhaltungsroman der Eugenie Marlitt (1825–1887), besonders sinnvoll.

Die Romane der Marlitt sind viel gelesen worden (und werden noch immer, wie behauptet wird, gelesen) und ein so potenter und kompetenter Erzähler wie Gottfried Keller soll sie gelobt haben. Das bedeutet unter anderem, dass diese Romane, die durchaus flüssig und farbig erzählt sind, erst in den Augen der Nachgeborenen als trivial erkannt werden, so wie ja auch eigentlich erst in den letzten Jahrzehnten aus dem Balladendichter Fontane der bedeutende realistische Romancier geworden ist. Erst im Verlauf seiner Rezeptionsgeschichte wird ein literarisches Werk zum Kunstwerk oder auch zum Kitsch, je nachdem, ob es einem kritischen Bewusstsein standhält oder eben nicht. Ein Vergleich des genannten Marlittromans mit *Frau Jenny Treibel* erhält seinen besonderen Reiz durch die Notwendigkeit über die Immanenz der Texte hinauszugehen und zu den oben angedeuteten literarästhetischen Problemen vorzustoßen und nicht nur beim Wie des Erzählens, so wichtig das auch ist, stehen zu bleiben.

Solche Gegenüberstellungen von erzählter und dramatisierter Komödie (Fontane – Sternheim) oder von kritisch-realistischer und naiv-trivialer Gestaltung (Fontane – Marlitt) machen es erforderlich, dass eine vergleichsweise hohe Ebene der Reflexion erreicht und eingehalten wird. Diesen Anforderungen dürfte eher ein Leistungskurs gewachsen sein, weniger ein Grundkurs.

So durchdacht und plausibel das tippköttersche Modell auch erscheint, so wäre doch zu fragen, ob in ihm nicht allzu sehr die Autorität des Werkes und die seines Schöpfers, wie sie ihnen im Laufe der Zeit zugewachsen ist, im Vordergrund des Unterrichtes steht und ob sich die Einbeziehung der jugendlichen Leser nicht bloß darauf beschränkt, Werk und Autor sachgerecht und methodisch angemessen zu begegnen. Alle Vergangenheit aber wird von der Gegenwart her gesehen und bewertet und so wäre weiter zu fragen, wie denn die Subjektivität jugendlicher Leser in das Kommunikationsspiel zwischen Autor, Werk und aktiv teilnehmendem Rezipienten eingebracht werden könnte. Im Roman selbst finden sich dafür Anknüpfungspunkte.

3 Unterrichtssequenz

Allgemeine Bemerkungen

In der Sekundärliteratur ist angemerkt worden, dass *Frau Jenny Treibel* nur wenige Handlungselemente aufweist, soweit überhaupt

- **ein Diner samt seinen Vorbereitungen,**
- **ein Professorenkränzchen,**
- **eine Landpartie,**
- **eine bei dieser Gelegenheit erfolgende Verlobung,**
- **ihre Auflösung und**
- **eine neue Hochzeit**

als Handlung eines Romans gelten können (Ohl, 1968; a.a.O., 194). Wenn auch die nur angedeuteten Handlungsrudimente mehr oder weniger bloß als Gelegenheiten fungieren, die den Romanfiguren mündliche Kommunikation mit- und untereinander gestattet, so bilden gerade sie – aus didaktischem Blickwinkel betrachtet – die Punkte, an denen eine Konfrontation der Gegebenheiten und Erfahrungen von 1888 mit den Eigenerfahrungen heutiger Schüler, und seien diese auch noch so partikular oder restringiert, möglich ist.

Analog zu dem Vorschlag, gleich nach dem Lesen des ersten Romankapitels das Stichwort *Einladung* zu dem Zweck ins Spiel zu bringen, diese Konfrontation herbeizuführen, könnten auch die anderen Stichworte, die oben in der Liste der Handlungsmomente enthalten sind, herangezogen werden. Welche Möglichkeiten des Vergleichens zwischen heute und damals eröffnet allein das Stichwort *Landpartie*, des Vergleichens einer Form der Geselligkeit, an der damals trotz gewisser Spannungen doch Geschlechter und Generationen gemeinsam teilnehmen, mit den Gegebenheiten der modernen, ungleich mobileren, aber auf dem Weg zur **Vaterlosigkeit** (Mitscherlich) befindlichen Gesellschaft, in der die Jugendlichen weit gehend eigene Wege gehen und nichts sehnlicher wünschen als dem Elternhaus endgültig entronnen zu sein! Die didaktische Fantasie des Lehrers wird leicht Mittel und Wege finden, eine solche Auseinandersetzung zwischen einer literarisch vermittelten und inzwischen historisch gewordenen Erfahrung einerseits und den Einstellungen zur Lebenspraxis der jugendlichen Leser andererseits zu stiften, damit die Autorität von Werk und Autor durch die Bedürfnisse der jungen Leser genügend ausbalanciert wird.

Besondere Bedeutung kommt dem ersten Kapitel zu: Es hat paradigmatischen Charakter hinsichtlich des Romanganzen und paradigmatischen Charakter bezüglich seiner Behandlung im Unterricht. Es sollte deshalb sorgfältig und relativ zeitaufwendig behandelt werden, um die Schüler zum selbstständigen Weiterlesen zu motivieren und sie instand zu setzen, die nachfolgenden Kapitel wenigstens nach einem methodischen Grobschema zu analysieren.

Die Groß- und Grobgliederung des Romans kann dabei helfen, das Weiterlesen nach sachlichen Gesichtspunkten zu strukturieren; denn

- die Kapitel 2 bis 4 stellen das ›Haus‹ Treibel vor,
- die Kapitel 5 bis 7 das ›Haus‹ Schmidt;
- die Kapitel 8 und 9 behandeln die Großfamilie Treibel,
- und in den Kapiteln 10 bis 13 treffen die beiden ›Häuser‹ zusammen, was Folgen nach sich zieht;
- die Kapitel 14 und 16 erzählen das Ende der Komödie.

Diese Disposition inhaltlicher Elemente und Komponenten legt es nahe, ungeachtet der für alle Schüler geltenden Aufgabe, den Roman zu Ende zu lesen, Schwerpunkte zu setzen. Fünf Schülerarbeitsgruppen könnten gebildet werden und jede von ihnen hätte einen der oben angedeuteten Großabschnitte besonders genau durchzuarbeiten und ihre gewonnenen Einsichten nacheinander in den folgenden Unterrichtsstunden vor dem Klassen- bzw. Kursplenum darzulegen.

Wie auch eine solche Gruppenarbeit zu strukturieren wäre, soll weiter unten angeregt werden. Zunächst aber muss die Gefahr bedacht werden, die darin liegt, dass die Gruppen möglicherweise in das bloße Nacherzählen gelesener Inhalte zurückfallen und nicht imstande sind sich von dieser Ebene zu lösen. Andererseits ist nacherzählen wiederum eine legitime Sache, und wenn es in scharf zusammenfassender Weise geschieht, allemal eine geistige Leistung. Von daher wäre es überlegenswert, ob man nicht jeder Gruppe zuallererst eine solche aufs Wesentliche konzentrierte Inhaltsangabe abverlangt – vielleicht sogar in schriftlicher Form –, um den Weg für Wichtigeres freizubekommen.

Die Gruppen haben die Aufgabe, referierend die Ergebnisse ihrer Überlegungen in die betreffende Unterrichtsstunde einzubringen, in der diejenigen Kapitel erörtert werden, auf die sie sich speziell vorbereitet haben, was nicht auszuschließen braucht, dass auch einmal diese Erörterung vom Plenum der Kursteilnehmer ausgeht und die betreffende Gruppe nur regulierend und korrigierend, ergänzend und vertiefend eingreift.

Es wäre wünschenswert, wenn die Gruppenmitglieder ihre Auslassungen auf eine metakritische Ebene heben könnten, d. h. wenn sie die eigene Arbeit, die dabei eingeschlagenen Wege und die dabei angewandten Verfahren selber kritisch darlegen könnten, und sei es auch nur, indem sie Schwierigkeiten benennen, Versuche beschreiben, sie zu überwinden, Erfolge oder Misserfolge angeben und dergleichen mehr.

Schematische Übersicht

In freier Anlehnung an die tippkötterschen Vorschläge werden für die Behandlung des Romans in einem Grundkurs maximal 6 Doppelstunden vorgeschlagen. Davon entfallen 5 Doppelstunden auf die direkte Beschäftigung mit dem Fontanetext, d. h. auf das genaue Erfassen literarästhetisch vermittelter Fakten, die festgestellt, beschrieben, miteinander verglichen, zueinander in Beziehung gesetzt, aber nur vorläufig und vorsichtig unter Einbeziehung der Eigenerfahrungen der Schüler bewertet werden.

Die letzte Doppelstunde sollte im Sinne der tippkötterschen **Kontext-Informationsphase** dazu dienen, die gewonnenen Einsichten zusammenzufassen, sie anhand vorbereiteter Materialien zu bestimmten Rahmenthemen (z. B. *Besitz und Bildung*) unter übergreifenderen Gesichtspunkten zu ver-

Stunden	**Thema**	**Didaktische Aspekte (Inhalte/Ziele)**	**Methodische Realisierung/ Verlauf**
1./2.	1. Kapitel des Romans	Einführen in fontanesches Erzählen, erstes Erfassen literarästhetisch vermittelter Fakten, Motivation zum selbstständigen Weiterlesen	1. LV: Vorlesen des 1. Kapitels 2. UG: Spontanäußerungen der Schüler, erstes Erfassen literarästhetisch vermittelter Fakten, Erfahren der zeitlichen Distanz (damals – heute) u. dgl. m. 3. Kurze Arbeit am Text: Gliedern des Kapitels, Kurzanalyse des Gesprächs Jenny – Corinna, Zusammenfassen unter übergeordneten Gesichtspunkten 4. Einteilung der Arbeitsgruppen, Besprechen ihrer Aufgaben und der zu ihrer Bewältigung notwendigen Methoden

stehen und endlich hinsichtlich ihrer vergangenen und gegenwärtigen Bedeutung kritisch zu bewerten.

Auch für einen Leistungskurs könnte das vorgeschlagene Schema gültig bleiben, allenfalls mit einigen Modifikationen. Eine Ausdehnung auf 7 Doppelstunden (= 5 Doppelstunden Interpretation plus 2 Doppelstunden Kontext-Informationsphase) wäre ebenso zu vertreten wie ein Beibehalten der 6 Doppelstunden mit modifizierter Binnengliederung (etwa 4 Doppelstunden Interpretation plus 2 Doppelstunden Kontext-Informationsphase). Die höheren Anforderungen gegenüber einem Grundkurs könnten neben dem konzentrierteren Arbeiten, das aufs Wesentliche zielt ohne die Nuancen zu vernachlässigen, vor allem in den schriftlichen Ausarbeitungen mit differenzierter Themenstellung liegen.

Abkürzungen

GA	= Gruppenarbeit	LV	= Lehrervortrag
GK	= Grundkurs	Ref	= Referat
HA	= Hausaufgabe	SV	= Schülervortrag
KRef	= Kurzreferat	UG	= Unterrichtsgespräch
LK	= Leistungskurs		

	Hausaufgabe
Impulse in dieser Anfangsstunde vor allem durch den Lehrer, der durch gezielte Fragen immer wieder auf den Text und auf zentrale Textstellen hinweist, auch an bestimmten Stellen des Unterrichtsablaufs methodische Hilfen gibt, z. B. hinsichtlich der Gesprächsanalyse: Wer eröffnet das Gespräch? Wie? Worüber? Wechselt die Gesprächsinitiative? Wann? Weshalb?	Für alle: Lesen des Romans Für die Gruppen: Vorbereiten ihrer Vorhaben

Stunden	Thema	Didaktische Aspekte (Inhalte/Ziele)	Methodische Realisierung/ Verlauf
3./4.	Kapitel 2 bis 5	Figurengruppierungen, Gesprächsthemen und Einzelcharaktere erkennen, beschreiben, verstehen	1. KRef der Gruppe 1 – Inhaltsangabe Kap. 2 bis 5 – Das treibelsche **Diner,** Einzelheiten und Zusammenhänge 2. UG: Erörterung des in den KRef Dargestellten
5./6.	Kapitel 6 und 7	Das ›Haus‹ Schmidt in seinem sozialen Zuschnitt, seinem Stil, seiner Atmosphäre, seinen Interessen bestimmen, beschreiben, vom ›Haus‹ Treibel unterscheiden	1. KRef der Gruppe 2 – Inhaltsangabe Kap. 6 und 7 – Vater, Tochter und Vetter, Einzelheiten und Zusammenhänge – Das Verhältnis von Altem und Neuem (Gespräch Schmidt – Distelkamp) – Das Verhältnis der Generationen 2. UG: Erörterung des in den KRef Dargestellten Vergleich mit dem ›Haus‹ Treibel
7./8.	Kapitel 8 bis 10	Die Großfamilie Treibel in ihren Einzelmitgliedern und ihren Einzelinteressen kennen lernen, beschreiben, den Mitgliedern des ›Hauses‹ Schmidt gegenüberstellen Die heimliche Verlobung Corinnas mit Leopold	1. KRef der Gruppe 3 – Inhaltsangabe Kap. 8 und 9 – Eltern, Söhne, Schwiegertochter, Enkelin, Einzelheiten und Zusammenhänge – Das Verhältnis der Generationen/Erziehungsfragen 2. KRef der Gruppe 4 – Inhaltsangabe Kap. 10 – Geselligkeit damals (die **Landpartie**) und Geselligkeit heute – Corinnas und Leopolds Beweggründe für ihre heimliche Verlobung – UG: Erörterung des in den KRef Dargelegten

	Hausaufgabe
Leitfragen des Lehrers, Schülerfragen, Erläuterungen der Sondergruppe, Heranziehen bestimmter Textstellen	GK: Anstreichen und Herausschreiben von Textstellen: von sprachlichen Eigentümlichkeiten, von Charakterzügen LK: Schriftliche Gegenüberstellung in Stichworten: Die Teilnehmer am treibelschen ›Diner‹ und ihr sozialer Hintergrund Aufsatz: Treibel und Vogelsang. Kurzcharakteristik der beiden Figuren und Kurzdarstellung ihrer politischen Ambitionen
Heranziehen von Textstellen, Leitfragen des Lehrers, Schülerfragen, Erläuterungen der Sondergruppe	GK: Gegenüberstellung in Stichworten: Die ›Häuser‹ Treibel und Schmidt samt ihren Trabanten LK: (Aufsatz) Milieubeschreibung des ›Hauses‹ Schmidt, Milieubeschreibung des ›Hauses‹ Treibel
Leitfragen des Lehrers, Schülerfragen, Erläuterungen der Sondergruppe, Heranziehen von Textstellen	GK: (Aufsatz) Die Kritik des Großvaters an Lizzichens Erziehung LK: (Aufsatz) Spannungen in einer Großfamilie, Geselligkeitsformen von damals und von heute

Stunden	Thema	Didaktische Aspekte (Inhalte/Ziele)	Methodische Realisierung/ Verlauf
9./10.	Kapitel 11 bis 16	Die Reaktionen auf die heimliche Verlobung und die Lösung der Konfliktsituation kennen lernen und verstehen	1. KRef der Gruppe 4 (Forts.) – Corinna und Schmolke – Leopold und seine Eltern – Haltung und Handlung Jennys 2. KRef der Gruppe 5 – Resümierende Inhaltsangabe – Noch einmal: Corinna und Schmolke – Marcell Wedderkopp – Das Ende der erzählten Komödie 3. UG: Erörterung des in den KRef Dargelegten
11./ 12.	Kontext-Informationsphase: Zusammenfassende Erörterung des Romans unter übergreifenderen Gesichtspunkten	Vertiefung des Gelesenen	1. KRef der Sondergruppe (Reihenfolge ad libitum) – Die perspektivische Gestaltung des Romans – Fontanes Äußerungen über Entstehung und Intention des Romans – *FRAU JENNY TREIBEL* aus der Sicht der Literaturwissenschaft – Ironisches, Sarkastisches, Karikaturhaftes in *FRAU JENNY TREIBEL*

Nachbemerkung

Abschließend wäre Tippkötters Mahnung zu beachten, **daß die Besprechung eines literarischen Werks im Oberstufenunterricht selbst dann nicht erheblich ausgedehnt werden sollte, wenn die angestrebten Ziele noch nicht in jedem Detail mit der an sich wünschenswerten Anschaulichkeit und Breite erreicht sind. Unverzichtbar ist es lediglich, den Schülern das methodische Prinzip und Verfahren zweifelsfrei zu erläutern, das die Reihe als Ganzes und ihre Teilabschnitte organisiert. Unverzeihlich wäre es dagegen, ihnen den Erwerb neuer Leseerfahrungen durch zähe und pedantische Besprechungsverfahren zu verleiden.**[55]

	Hausaufgabe
Heranziehen von Textstellen, Leitfragen des Lehrers, Erläuterungen der Sondergruppe etc.	GK: (Aufsatz) Die Kommerzienrätin Jenny Treibel (Charakterisierung) LK: (Aufsatz) Kleinbürgerliche Herkunft und großbürgerlicher Anspruch. Zur Charakteristik Jenny Treibels / Anspruch und Wirklichkeit in Haltung und Handlung Jenny Treibels / Illusion und Wirklichkeit in den Bestrebungen Corinnas und des Kommerzienrats / [...] **ein Minister bedeutet mir wenig, aber die Schmolke** [...]: über das Verhältnis von Herrschaft und Dienerschaft in *Frau Jenny Treibel* (Schmidt, Corinna und die Schmolke / Treibel und Diener Friedrich, Kutscher Johann etc.)
– *Leute von Besitz und Bildung:* über das Selbstverständnis des Bürgertums und über Fontanes Kritik daran – Über das Auseinandertreten von *Besitz* und *Bildung* als Symptom des Verfalls bürgerlichen Selbstverständnisses in Fontanes *Frau Jenny Treibel*	Anregung zur Weiterarbeit: Lesen Sie Fontanes *Mathilde Möhring*, Sternheims *Die Hose* und *Der Snob*, Marlitts *Im Hause des Kommerzienrats*, Thomas Manns Essay *Der alte Fontane*.

4 Klausurvorschläge

Seitenangaben nach Theodor Fontane: *Frau Jenny Treibel*. Frankfurt, Berlin: Ullstein 1987, TB 4523

Grundkurs:

1. Aufgabe: Textanalyse
   Textstelle (11, letzter Absatz – 14, Z. 11)
   a) Welche Lebenseinstellung lässt Jenny Treibel in dem Gespräch mit Corinna erkennen? Wie beurteilt sie den Professor und Marcell?
   b) Vergleichen Sie diese Einstellung mit der Corinnas. Ziehen Sie selbstständig weitere Textstellen dazu heran.
2. Aufgabe: Textanalyse
   Textstelle (31 f.)

   a) Welche Auffassung von Politik vertreten Treibel, der Leutnant Vogelsang und Distelkamp?
   b) Arbeiten Sie die satirischen Mittel in der Gestaltung des Gesprächs heraus: Welche Einstellung des Erzählers zu den Personen wird dadurch deutlich?
3. Aufgabe: Textanalyse
   Textstelle (33, Mitte – 37, 3. Absatz)
   a) Zeigen Sie anhand dieses Textausschnitts Fontanes Methode der Personencharakterisierung.

Leistungskurs

1. Aufgabe und Textstelle wie Grundkurs 1.
   c) Versuchen Sie die verschiedenen Einstellungen zur Politik aus der unterschiedlichen Herkunft und den entsprechenden Lebenserfahrungen zu erklären.
2. Aufgabe und Textstelle wie Grundkurs 2.
   c) Vervollständigen Sie das Bild von dem Menschen und Politiker Treibel anhand weiterer signifikanter Textstellen. Gehen Sie dabei auch auf die erzählerischen Mittel der Charakterisierung ein.
3. Aufgabe und Textstelle wie Grundkurs 3.
   b) Vergleichen Sie damit die literarische Technik der Charakterisierung bei einem anderen Ihnen aus dem Unterricht bekannten deutschen Erzähler.

Anhang

Anmerkungen

[1] Vgl. Laufer, C. (Berlin): Verloren geglaubte Fontane-Manuskripte wieder im Märkischen Museum: In: Thunecke, Jörg (Hrsg.): Formen realistischer Erzählkunst. Festschrift for Charlotte Jolles. Notthingham 1979, 275, 279.

[2] Zit. n.: Fontane, Theodor: Sämtliche Werke. Hrsg. v. Walter Keitel. Bd. 4. München: Hanser 1963, 717.

[3] Bis hierher die Briefzitate nach: Fontane, Theodor: Sämtliche Werke. Hrsg. v. Walter Keitel. Bd. 4. München: Hanser 1963, 718 f.

[4] Fontane, Theodor: Briefe an Georg Friedlaender. Hrsg. u. erläutert von Walter Keitel. Heidelberg 1954, 146 f.; Rechtschreibung und Interpunktion nach dem Original.

[5] Zit. n.: Reuter, Hans-Heinrich: a.a.O., 122 f.

[6] Fontane, Theodor: Sämtliche Werke. Hrsg. von Walter Keitel, Bd. 4. München: Hanser 1963, 718 f.

[7] Horkheimer, Max: Egoismus und Freiheitsbewegung. Zur Anthropologie des bürgerlichen Zeitalters (1936). In: Traditionelle und kritische Theorie. Vier Aufsätze. Frankfurt, Hamburg 1970, Fischer Bücherei 6015, 101 f.; vgl. auch den nächsten Aufsatz Horkheimers (162 ff.) über Autorität und Familie. Beiden Aufsätzen sind obige Ausführungen verpflichtet.

[8] Mandeville: Bienenfabel. Hrsg. v. Otto Bobertag. München 1914, 138; zit. n. Horkheimer: a.a.O., 103.

[9] Das Zitat aus der *Kölnischen Zeitung* (wohl 1892), nach: Erler, Gotthard: a.a.O., 530; vgl. hierzu auch den Exkurs »Berlinertum«. In: Gilbert, E. M.: Das Gespräch in Fontanes Gesellschaftsromanen. Leipzig 1930, 135 ff.

[10] Gotthard Erler meint, Fontanes Geschichte spiele im Sommer 1886, ›wobei allerdings Ereignisse von 1887/88 mit reflektiert werden‹. a.a.O., 512.

[11] Lukács, Georg: Schriften zur Literatursoziologie. Soziologische Texte Band 9. Neuwied 1961, 458.

[12] Vgl. Lukács, Georg: a.a.O., 458.

[13] Vgl. in diesem Zusammenhang Pross, Harry: Die Zerstörung der deutschen Politik. Frankfurt 1959, 10 ff.

[14] Vgl. in diesem Zusammenhang die instruktiven Ausführungen in: Mittenzwei, Ingrid: Die Sprache als Thema. Untersuchungen zu Fontanes Gesellschaftsromanen. Bad Homburg, Berlin, Zürich 1970, 146 ff.

[15] Adorno, Theodor W.: Theorie der Halbbildung. In: Horkheimer, Max u. Adorno, Theodor W.: Sociologica II. Reden und Vorträge, Frankfurt 1962, 176.

[16] Vgl. Adorno, Theodor W.: a.a.O., 176.

[17] Horkheimer, Max: a.a.O., 137.

[18] Vgl. Frank, Wolfgang (mit Fotos von Wilfried Bauer): Wie englisch ist Hamburg? Vom Selbstverständnis einer Stadt, von der Engländerei der Hanseaten. In: ZEITmagazin Nr. 6, Hamburg, Febr. 1971, 2 ff.

[19] Vgl. Leopold Treibel, der die Steigbügel ›so hoch wie ein Engländer‹ schnallt (83).

[20] Vgl. das um sechs Uhr festgesetzte Diner Treibels, das besser ›Dinner‹ genannt werden sollte (14).

[21] Treue, Wilhelm: Kulturgeschichte des Alltags. Frankfurt, Hamburg 1961: Fischer Bücherei 419, 199 f.

[22] Demetz, Peter: Formen des Realismus: Theodor Fontane. München 1964, Zitat 127, Formulierung angelehnt an 126.

[23] Demetz, Peter: a.a.O., 126 f.

[24] Demetz, Peter: a.a.O., 126.

[25] Demetz, Peter: a.a.O., 126.

[26] Ohl, Hubert: Bild und Wirklichkeit. Studien zur Romankunst Raabes und Fontanes. Heidelberg 1968, 194.

[27] Koch, Franz: Idee und Wirklichkeit. Deutsche Dichtung zw. Romantik und Naturalismus. Bd. II. Düsseldorf 1956, 420.

[27a] Grieve, H. (Norwich): Frau Jenny Treibel und Frau Wilhelmine Buchholz. Fontanes Roman und die Berliner Populärliteratur. In: Thunecke, Jörg (Hrsg.): Formen realistischer Erzählkunst. Festschrift for Charlotte Jolles. Nottingham 1979, 535–537.

[28] Ohl, Hubert: a.a.O., 195.

[29] Von Hofmannsthal, Hugo: Unterhaltung über den *Tasso* von Goethe. In: Hofmannsthal, Hugo von: Ausgewählte Werke in zwei Bänden. Bd. II. Frankfurt 1957, 435.

[29a] Grawe, Chr. (Melbourne): Lieutenant Vogelsang a. D. und Mr. Nelson aus Liverpool. Treibels politische und Corinnas private Verirrungen in *Frau Jenny Treibel*. In: Fontane-Blätter Bd. 5 (1984), H. 6, 590.

[30] Schon Gottfried Kricker hebt den ›leichten Lustspielton‹ hervor, in: Kricker, Gottfried: Theodor Fontane. Von seiner Art und epischen Technik. Berlin 1912, 80. Fritz Martini ist ›versucht, von einer erzählerischen Komödienform zu sprechen‹, in: Martini,

Fritz: Deutsche Literatur im bürgerlichen Realismus. Stuttgart 1962, 788. Vgl. auch Mittenzwei, Ingrid: Die Sprache als Thema. Untersuchungen zu Fontanes Gesellschaftsromanen. Bad Homburg, Berlin, Zürich 1970, 147.

31 Vgl. Fischer Lexikon Bd. 2, Staat und Politik, 50.

32 Vgl. zu diesem Problem Martini (786), wo eine Kritik des ›Schmidtschen‹ anklingt; bei Mittenzwei fehlt sie ganz (146 ff.), ebenso bei Ohl (168 ff.). Kafitz' Versuch, auch Wilibald Schmidt als Objekt fontanescher Kritik zu begreifen, wird von Reinhardt schroff zurückgewiesen (325, Anm. 21).

33 (Das Zitat:) Mittenzwei, 148; auch Ohl rückt Treibel hart an die Seite Schmidts, vgl. Ohl, 168 f.

33a Vgl. Grawe, Chr. (Melbourne): Lieutenant Vogelsang a. D. und Mr. Nelson aus Liverpool: Treibels politische und Corinnas private Verirrungen in *Frau Jenny Treibel*. a.a.O., 590, 596.

34 Martini, 787.

35 Hier ist das berühmte proustsche Motiv der in den Tee eingetauchten ›Madeleine‹, deren Geruch die ›mémoire involontaire‹ in Gang setzt und das Bild der Kindheit heraufführt, bereits vorgebildet.

36 Der Begriff nach Proust, Marcel: Auf der Suche nach der verlorenen Zeit. Bd. 1, 69; vgl. dazu auch den Kommentar Walter Benjamins in: Illuminationen. Frankfurt 1961, 203 f.

37 Gilbert, Mary-Enole: Das Gespräch in Fontanes Gesellschaftsromanen. Leipzig 1930, 117; vgl. auch Anm. 182.

38 Ohl, Hubert: a.a.O., 285, Anm. 51; vgl. dort auch Ohls Ausführungen zur Wortwahl Jennys.

39 Ohl, Hubert: a.a.O., 180.

39a Daemmrich, H.: Situationsanpassung als Daseinsgestaltung bei Raabe und Fontane. In: Thunecke, Jörg (Hrsg.): Formen realistischer Erzählkunst. Festschrift for Charlotte Jolles, Nottingham 1979, 250.

40 Kant, Immanuel: Werke in 10 Bänden. Bd. 6. Darmstadt 1968, 140.

41 Vgl. Kant, Immanuel: a.a.O., 143.

42 Vgl. dazu Fontanes Gedicht »Was mir fehlt«, in dem es heißt: ›Was mir fehlte, war: Sinn für Feierlichkeit‹; Nymphenb. TB-Ausgabe Bd. 15, 295.

43 Die Geschichte von Paul Heyse, der lange Jahre mit Fontane befreundet war (s. Briefwechsel, hg. v. Erich Petzet), trägt den Titel »Unvergeßbare Worte«.

44 Pross, Harry: a.a.O., 16.

45 Mit diesem Glauben an sich entspricht Vogelsang dem distelkampschen Ideal, vgl. dessen Ausführungen im 6. Kap., bes. 55.

46 Die Formulierung lehnt sich an Hubert Ohl: a.a.O., 168; dort wird Treibel fast uneingeschränkt positiv gesehen; dem folgen wir nicht in allen Punkten.

47 Vgl. hierzu Ohl, Hubert: a.a.O., 285, Anm. 51, wo ebenfalls von Treibels Toast gesprochen und der Gegensatz zu demjenigen Vogelsangs hervorgehoben wird.

48 ›Apart‹, in dem Interessantes, Feines, Besonderes und Reizvolles zusammengeschlossen sind, ist Fontanes ästhetisches Ideal; die Bourgeoisie, dieser Fontane ganz widerstrebende Typus, ist für ihn eine rein peinliche Stilverwirrung, ein ganz ›unapartes‹ Auseinanderfallen von Sein und Erscheinung, deren Übereinstimmung für ihn allein den ›Menschen‹, die ›Natur‹ ausmacht; vgl. die Anmerkungen Keitels zu 24 *(Effi Briest)* und 305 *(Frau Jenny Treibel)*.

49 Von Hofmannsthal, Hugo: Shakespeares Könige und große Herren, a.a.O., 396.

50 Gregor, Joseph: Shakespeare. München 1948, 3. überarb. Neuausgabe, 480.

51 Vgl. Schillers *Wallensteins Tod*, II, 2: ›Eng ist die Welt, und das Gehirn ist weit, Leicht beieinander wohnen die Gedanken, Doch hart im Raume stoßen sich die Sachen [...]‹

52 Reinhardt, Hartmut: Die Wahrheit des Sentimentalen. In: Wirkendes Wort 29 (1979), 5, 320.
Mittenzwei, Ingrid: Die Sprache als Thema. Bad Homburg 1970, 156.
Kahrmann, Cordula: Idyll im Roman: Theodor Fontane. München 1973, 138.
Müller-Seidel, Walter: Besitz und Bildung. Über Fontanes Roman *Frau Jenny Treibel*. In: Teidge, Hans-Erich u. Schobess, Joachim (Hrsg.): Fontanes Realismus. Berlin 1972, 141.
Kafitz, Dieter: Die Kritik am Bildungsbürgertum in Frau Jenny Treibel. In: Z. f. dt. Philologie 92 (1973), Sonderheft »Theodor Fontane«, 93.

53 Jolles, Charlotte: ›Gideon ist besser als Botho‹. Zur Struktur des Erzählschlusses bei Fontane. In: Lederer, Herbert u. Seyppel, Joachim (Hrsg.): Festschrift für Werner Neuse. 1967, 76–93.
Kafitz, Dieter: Probleme des Schlusses im Deutschen Realistischen Roman. In: Thunecke, Jörg (Hrsg.): Festschrift für Charlotte Jolles, a.a.O., 318 f.

54 Benjamin, Walter, in: Illuminationen. a.a.O., 70.

55 Tippkötter, Horst: Theodor Fontanes Zeitromane im Kursunterricht der Sekundarstufe II. In: DU 29 (1977), 4, 52 f.

56 Tippkötter, Horst: a.a.O., 52.

Literaturverzeichnis

Quellen

Fontane, Theodor: Sämtliche Werke. Romane, Erzählungen, Gedichte. Hrsg. v. Walter Keitel. *Frau Jenny Treibel* in Bd. IV. München: Hanser 1962 f.

–: Nymphenburger Taschenbuch-Ausgabe in 15 Bänden. *Frau Jenny Treibel* in Bd. 11. München 1969

–: Romane und Erzählungen in acht Bänden. *Frau Jenny Treibel* in Bd. 6. Berlin und Weimar 1969

–: *Frau Jenny Treibel*. München 1966/III, Goldmanns Gelbe Taschenbücher 716

–: Schriften zur Literatur. Hrsg. v. Hans-Heinrich Reuter. Berlin: Aufbau-Verlag 1960

Zitierte Literatur

Adorno, Theodor W.: Minima Moralia. Reflexionen aus dem beschädigten Leben. Frankfurt 1951

–: Theorie der Halbbildung. In: Horkheimer, Max und Adorno, Theodor W.: Sociologica II. Reden und Vorträge. Frankfurter Beiträge zur Soziologie 10. Frankfurt 1962, 168 ff.

Benjamin, Walter: Über einige Motive bei Baudelaire. In: Benjamin, Walter: Illuminationen. Ausgewählte Schriften. Frankfurt 1955

–: Goethes Wahlverwandtschaften. In: Benjamin, Walter: Illuminationen. Ausgewählte Schriften. Frankfurt 1955

Daemmrich, H.: Situationsanpassung als Daseinsgestaltung bei Raabe und Fontane. In: Thunecke, Jörg (Hrsg.): Formen realistischer Erzählkunst. Festschrift for Charlotte Jolles. Nottingham 1979

Demetz, Peter: Formen des Realismus: Theodor Fontane. Kritische Untersuchungen. München 1964

Dostojewsky, Feodor M.: Der Spieler. Aus den Aufzeichnungen eines jungen Menschen. Hamburg 1960, Rowohlts Klassiker 67

Erler, Gotthard: Nachwort und Anmerkungen zu Fontanes *Frau Jenny Treibel*. In: Fontane, Theodor: Romane und Erzählungen in acht Bänden. Bd. 6. Berlin, Weimar. Aufbau-Verlag 1969

Fraenkel, Ernst u. Bracher, Karl Dietrich (Hrsg.): Staat und Politik. Das Fischer Lexikon Bd. 2. Frankfurt 1957

Frank, Wolfgang: Wie englisch ist Hamburg? (Mit Fotos von Wilfried Bauer). In: ZEITmagazin, Nr. 6, Hamburg Febr. 1971

Friedell, Egon: Kulturgeschichte der Neuzeit. Bd. III. München 1931, 23.–27. Aufl.

Gilbert, Mary-Enole: Das Gespräch in Fontanes Gesellschaftsromanen. Leipzig 1930, Palaestra 174

Goethe, Johann Wolfgang: Faust und Urfaust. Erläutert von Ernst Beutler. Leipzig 1939, Sammlung Dietrich 25

Grawe, Chr.: Lieutenant Vogelsang a. D. und Mr. Nelson aus Liverpool: Treibels politische und Corinnas private Verirrungen in *Frau Jenny Treibel*. In: Fontane-Blätter 5 (1984), H. 6

Gregor, Joseph: Shakespeare. München 1948, 3. überarb. Neuausgabe

Grieve, H.: Frau Jenny Treibel und Frau Wilhelmine Buchholz. Fontanes Roman und die Berliner Populärliteratur. In: Thunecke, Jörg (Hrsg.): Formen realistischer Erzählkunst. Festschrift for Charlotte Jolles. Nottingham 1979

Hermand, Jost: Das junge Deutschland. Texte und Dokumente. Stuttgart, Reclam 1966, UB 8703–8707

Herzfeld, Hans (Hrsg.): Geschichte in Gestalten. Das Fischer Lexikon. Sonderband (Bd. 3). Frankfurt 1963

Hömke, Horst: Friedrich von Gagern: Der Marterpfahl. Modell für den kooperativen Unterricht in den 8. bis 10. Klassen. In: Reclams Lehrstoffe, Lehrpraktische Analysen, Folge 33. Stuttgart o. J.

Hofmannsthal, Hugo von: Unterhaltung über den *Tasso* von Goethe. In: Hofmannsthal, Hugo von: Ausgewählte Werke in zwei Bänden. Bd. II, Frankfurt 1957

–: Shakespeares Könige und große Herren. In: Hofmannsthal, Hugo von: Ausgewählte Werke in zwei Bänden. Bd. II. Frankfurt 1957

Horkheimer, Max: Egoismus und Freiheitsbewegung. In: Horkheimer, Max: Traditionelle und kritische Theorie. Vier Aufsätze. Frankfurt, Hamburg 1970, Fischer Bücherei 6015

–: Autorität und Familie. In: Horkheimer, Max: Traditionelle und kritische Theorie. Frankfurt, Hamburg 1970, Fischer Bücherei 6015

Jahn, Jürgen: Nachwort und Anmerkungen zu Fontanes *Unterm Birnbaum*. In: Theodor Fontane: Romane und Erzählungen in acht Bänden. Bd. 4. Berlin (DDR), Weimar: Aufbau-Verlag 1969

Jolles, Charlotte: ›Gideon ist besser als Botho‹. Zur Struktur des Erzählschlusses bei Fontane. In: Lederer, Herbert u. Seyppel, Joachim (Hrsg.): Festschrift für Werner Neuse, 1967

Kafitz, Dieter: Probleme des Schlusses im Deutschen Realistischen Roman. In: Thunecke, Jörg (Hrsg.): Formen realistischer Erzählkunst. Festschrift for Charlotte Jolles. Nottingham 1979

Kafitz, Dieter: Die Kritik am Bildungsbürgertum in *Frau Jenny Treibel*. In: Z. f. dt. Philologie 92 (1973), Sonderheft »Theodor Fontane«

Kahrmann, Cordula: Idyll im Roman. Theodor Fontane. München 1973

Kant, Immanuel: Grundlegung zur Metaphysik der Sitten. In: Kant, Immanuel: Werke in zehn Bänden. Bd. 6. Darmstadt 1968

Keitel, Walter: Anmerkungen zu Fontanes *Frau Jenny Treibel*. In: Fontane, Theodor: Sämtliche Werke. Hrsg. v. Walter Keitel. Bd. 4. München 1963

Killy, Walter (Hrsg.): Zeichen der Zeit. Ein deutsches Lesebuch. Bd. III. Frankfurt, Hamburg 1960, Fischer Bücherei 347

Koch, Franz: Fontane. In: Koch, Franz: Idee und Wirklichkeit. Bd. 2. Düsseldorf 1956

König, René: Grundformen der Gesellschaft: Die Gemeinde. Hamburg: Rowohlt 1958, rde 79

Klose, Werner: Annette von Droste-Hülshoff: Die Judenbuche. In: Reclams Lehrstoffe, Lehrpraktische Analysen, Folge XIII. Stuttgart 1961

Kricker, Gottfried: Theodor Fontane. Von seiner Art und epischen Technik. Berlin 1912

Laufer, C.: Verloren geglaubte Fontane-Manuskripte wieder im Märkischen Museum. In: Thunecke, Jörg (Hrsg.): Formen realistischer Erzählkunst. Festschrift for Charlotte Jolles. Nottingham 1979

Lukács, Georg: Schriften zur Literatursoziologie. Soziologische Texte Bd. 9. Neuwied 1961

Martini, Fritz: Deutsche Literatur im bürgerlichen Realismus. 1848 bis 1898. Stuttgart 1962

Marx, Karl u. Engels, Friedrich: Die deutsche Ideologie. Berlin 1957, 3. Aufl.

Mittenzwei, Ingrid: Die Sprache als Thema. Untersuchungen zu Fontanes Gesellschaftsromanen. Bad Homburg, Berlin, Zürich 1970

Müller-Seidel, Walter: Besitz und Bildung. Über Fontanes Roman *Frau Jenny Treibel*. In: Teidge, Erich u. Schobess, Joachim (Hrsg.): Fontanes Realismus. Berlin 1972

Müller-Seidel, Walter: Theodor Fontane. Soziale Romankunst in Deutschland. Stuttgart 1955

Nürnberger, Helmuth: Theodor Fontane in Selbstzeugnissen und Bilddokumenten. Hamburg 1968, rm 145

Ohl, Hubert: Bild und Wirklichkeit. Studien zur Romankunst Raabes und Fontanes. Heidelberg 1968

Pross, Harry: Die Zerstörung der deutschen Politik. Dokumente 1871–1933. Hrsg. und kommentiert von Harry Pross. Frankfurt 1959, Fischer Bücherei 264

Proust, Marcel: Auf der Suche nach der verlorenen Zeit. Bd. 1. Frankfurt, Zürich 1958

Reinhardt, Hartmut: Die Wahrheit des Sentimentalen. Bemerkungen zu zwei Romanschlüssen bei Theodor Fontane: *Frau Jenny Treibel* und *Effi Briest*. In: Wirkendes Wort 29 (1979), H. 5

Reuter, Hans-Heinrich: Fontane. 2 Bde. München 1968

Ruttmann, Irene: Nachwort zu Fontanes *Unterm Birnbaum*. In: Theodor Fontane, *Unterm Birnbaum*. Stuttgart: Reclam 1968, UB 8577/78

Schillemeit, Jost: Theodor Fontane. Geist und Kunst seines Alterswerks. Zürich 1961

Schnabel, Franz: Deutsche Geschichte im 19. Jahrhundert. Freiburg 1965, Herder Bücherei 201–208

Schuster, I.: Akribie und Symbolik in den Romananfängen Fontanes. In: Thunecke, Jörg (Hrsg.): Formen realistischer Erzählkunst. Festschrift for Charlotte Jolles. Nottingham 1979

Stein, Werner: Kulturfahrplan. Berlin, Darmstadt, Wien 1958

Steinbach, Dietrich: Die historisch-kritische Sozialtheorie der Literatur. Stuttgart 1973

Tippkötter, Horst: Theodor Fontanes Zeitromane im Kursunterricht der Sekundarstufe II. Ein Unterrichtsmodell für Grund- und Leistungskurse. In: DU 29 (1977), H. 4

Treue, Wilhelm: Kulturgeschichte des Alltags. Frankfurt, Hamburg 1961, Fischer Bücherei 419

Zeittafel zu Leben und Werk

1819 geboren am 30. Dezember in Neuruppin
1827 Umzug der Familie nach Swinemünde
1832 Eintritt in das Gymnasium in Neuruppin
1833 Eintritt in die Gewerbeschule in Berlin
1836 Beginn der Apothekerlehrzeit
1840 Apothekergehilfe
1844 Beginn des Militärjahrs, Reise nach England, Aufnahme in den Literarischen Sonntagsverein ›Tunnel über der Spree‹
1847 Approbation als Apotheker erster Klasse
1848 Barrikadenkämpfe 18. März, im Krankenhaus Bethanien angestellt
1849 Freier Schriftsteller, Korrespondent der ***Dresdner Zeitung***
1850 Eintritt in das ›Literarische Kabinett‹, Heirat
1852 Korrespondent in London
1855–1859 Aufenthalt in London
1858 Reise nach Schottland
1860 Eintritt in die Redaktion der ***Kreuzzeitung***
1864 Reise nach Schleswig-Holstein und Dänemark
1865 Reise an den Rhein und in die Schweiz
1866 Reise zu den böhmischen und süddeutschen Kriegsschauplätzen
1870 Bruch mit der ***Kreuzzeitung,*** Theaterrezensent ***Vossische Zeitung,*** Festnahme in Domremy, Rückkehr nach Berlin
1871 Reise nach Frankreich
1874 Italienreise
1875 Reise in die Schweiz und nach Oberitalien
1876 Ständiger Sekretär der Akademie der Künste in Berlin, Rücktritt, Entlassung
1894 Ehrendoktor der Philosophischen Fakultät der Universität Berlin
1898 gestorben am 20. September in Berlin

Romane
1878 *Vor dem Sturm*
1879 *Grete Minde*
1880 *L'Adultera*
1881 *Ellernklipp*
1882 *Schach von Wuthenow*
1884 *Graf Petöfy*
1885 *Unterm Birnbaum*
1887 *Cécile, Irrungen, Wirrungen*
1890 *Stine, Quitt*
1891 *Unwiederbringlich*
1892 *Frau Jenny Treibel*
1894 *Meine Kinderjahre, Effi Briest*
1895 *Die Poggenpuhls*
1898 *Von Zwanzig bis Dreissig, Der Stechlin*
1905 *Mathilde Möhring*

Bücher zur Kriegsgeschichte
Journalistische Arbeiten
Wanderungen durch die Mark Brandenburg (1862–1882, 4 Bände)
Balladen: Nordisches, Englisch-Schottisches, Preußisches
Lyrik: Märkische Reime, Gelegenheitsgedichte
Lieder und Sprüche
Fragmente

Raum für Notizen

Raum für Notizen

Raum für Notizen

Raum für Notizen